사춘기 엄마의 그림책 수업

# 사춘기 엄마의 그림책 수업

잘 떠나보내며 성장하는 법에 대하여

최정은 지음

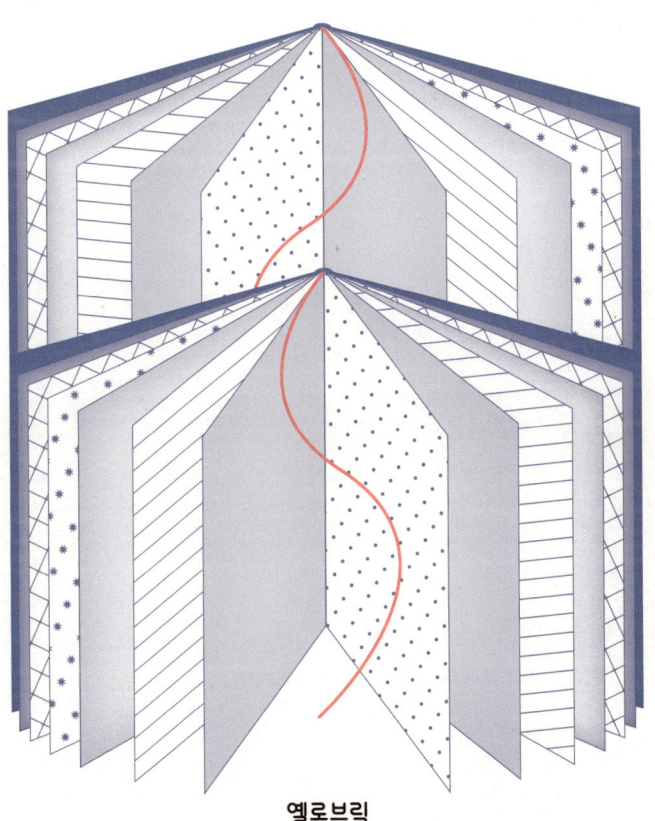

옐로브릭

차례

머리말 … 009

## 1부
## 내 아이의 사생활

- 아, 다정했던 사람아! … 019
  "혼자 있고 싶어요" - 《조지프의 마당》

- 어떤 모습이 진짜 너? … 031
  "나도 내가 왜 이러는지 몰라요" - 《내 이름은 자가주》

- 또 쓸모없는 일을? … 042
  "무용한 것의 아름다움이에요" - 《나의 구석》

- 먼저 내면의 아름다움을 … 055
  "나도 예뻐지고 싶어요" - 《난 나의 춤을 춰》

2부

# 내 아이의 마음생활

- '금사빠'라니 … 071
  "사랑받고, 사랑하고 싶어요" - 《처음, 사랑》

- 대답을 해 봐! … 083
  "그냥요, 몰라요, 왜요?" - 《그레그와 병아리》

- 스마트폰 좀 그만! … 095
  "나의 유일한 놀이터예요" - 《소중한 하루》

- 넌 꿈이 뭐니? … 108
  "위인전 속 이야기일 뿐이에요" - 《길거리 가수 새미》

3부

# 내 아이의 가족생활

- 당신 탓이에요 … 123
  "나를 위해서라도 싸우지 마세요" - 《나의 왕국》

- 남매인 듯 남인 듯 … 135
  "현실 남매라니까요" - 《언니와 동생》

- 우린 가족이니까 … 145
  "친절하게 말해 주세요" - 《부루퉁한 스핑키》

- 라떼는 말이야 … 158

  "옛날 이야기 싫어요" - 《진정한 챔피언》

4부

## 내 아이의 학교생활

- 성적이 왜 이러니 … 171

  "나도 공부 잘하고 싶어요" - 《내가 잘하는 건 뭘까》

- 친구가 그리 중요해? … 182

  "우리에겐 1순위예요" - 《곰이 강을 따라갔을 때》

- 외계어니? … 196

  "우리끼리 쓰는 말이에요" - 《슈퍼 토끼》

- 밥이 그렇게 중요해? … 207

  "밥 먹으러 학교 가요!" - 《위대한 식탁》

5부

## 엄마의 두 번째 사춘기

- 아이와 행복하려면 어떻게 해야 할까요? … 219

  "아이의 어떤 행복을 바라고 있나요?" - 《너무너무 공주》

- 너무 늦은 건 아닐까요? … 230

  "아이와 함께 성장하면 돼요" - 《메두사 엄마》

- 내 편 아닌 남의 편인가요? … 240

  "따로 또 같이" - 《직선과 곡선》

- 좋은 엄마가 될 수 있을까요? … 250

  "웃어요, 엄마!" - 《엄마는 집 같아요》


맺는 말 … 261
그림책 목록 … 265

일러두기

본문에 나오는 그림 및 표지는 저작권사의 허락을 받아 수록한 것이며
저작권 표기는 각 저작권사의 요청에 따른 것입니다.

## 머리말

《행복한 엄마 새》(미스 반 하우트 글·그림)라는 제목에 이끌려 그림책을 펼칩니다. 첫 장면에 '꿈꾸었어요' '바라고' '또 바라요'라는 말들이 나옵니다. 그리고 페이지를 넘기니 '우아!'라는 감탄과 함께 엄마 새가 꿈꾸고 바라던 아기 새가 등장합니다. 마지막 장면에서는 아기 새를 넓은 세상으로 떠나보내는 엄마 새의 모습을 봅니다. 짧은 그림책을 덮으며, 행복한 엄마는 아이와 함께 울고 웃으며 한 시절을 지내고 다시 아이를 용감하게 떠나보내는 존재임을 새삼 상기합니다.

엄마 새처럼 바라고 또 바라던 아이를 품에 안고 느꼈던 설렘과 두려움, 다독이고 보살피고 때로는 나무라며 아이와 함께했던 행복하고 힘들었던 순간들, 이 모든 시절이

금세 지나가 버렸습니다. 이제는 그림책의 마지막 장면처럼 '떠나보내요'의 시절이 찾아왔습니다.

아이와 함께한 모든 일상이 다시 돌아오지 않을 시간임을 깨달았을 때는, 이미 아이가 새로운 문을 열고 첫걸음을 떼어놓은 후였습니다. 자신의 길을 찾아 나서는 여정의 문턱에 선 그들을 바라보는 엄마인 나의 시선도 바뀌어야 했습니다.

"엄마! 엄마! 엄마!" 매일 셀 수 없이 나를 부르던 아이가, 이제는 슬금슬금 엄마를 피해 혼자 있고 싶어 합니다. "엄마는 아무것도 모르면서." "엄마는 몰라도 돼." "엄마 때문이야." 한 번씩 내뱉는 아이의 말에 마음이 상하기도 합니다. 사춘기니까 당연한 일이라고 머리로는 생각하지만, 마음에는 커다란 구멍 하나가 생겼습니다. 커다란 구멍에서 '내가 너를 어떻게 키웠는데. 아등바등 키웠더니 혼자 큰 줄 아는 거니?'라는 메아리가 들려옵니다.

사사건건 아이와 대립하기도 합니다. 잔소리처럼 들릴까 봐 최소한으로 할 말만 할 뿐인데, 아이는 그조차 용납하지 않습니다. 무슨 일이든 엄마에게 이야기하던 아이는 이제 엄마 대신 친구를 찾아갑니다. 물론 알고 있습니다. 십대에게 또래 친구가 얼마나 중요한지를. 나 또한 그 시절이 있었습니다. 그러나 자꾸 구멍 뚫린 마음에서 바람이 불어옵니다. 자식에게 집착한다는 소리를 들을까 봐 애써 태연한 척, 이해하는 척하는 내가 싫습니다. 그림책 속 엄마 새처럼 잘 떠나보낼 자신이 있었는데, 사춘기 아이에게 친구 같은 멋진 엄마가 되고 싶었는데, 자꾸 시선 끝에 아이가 아른거립니다.

저희 집 첫째에게 찾아온 사춘기는 침묵의 사춘기였습니다. 아들 녀석은 대화를 좋아하는 아이였습니다. 다정하고 따뜻한 아들은 늘 이런저런 이야기를 나누는 수다 친구였습니다. 하지만 사춘기가 찾아오자 아이는 굳게 입을 닫았습니다. 학교에서 돌아오면 세상과, 아니 엄마와 담을 쌓겠다는 듯이 자기 방에 들어가 이불을 뒤집어쓰고 방문을 잠갔습니다.

둘째에게 찾아온 사춘기는 불 화산 같은 사춘기였습니다. 갑자기 터지는 화산처럼 아이는 한 번씩 폭발했습니다. 사소한 일에 삐지고 울고 소리지르는 일이 다반사였습니다. 그런 아이의 모습은 내게 큰 자괴감을 주었습니다. 그 시절을 지나고 보니 당연히 찾아오는 성장의 과정이었지만, 그때는 내가 부족한 엄마여서 그런 것처럼 자책하곤 했습니다.

그뿐인가요. 이 이야기는 누구에게 풀어 놓기도 어려웠습니다. 내 자식의 허물을 내보이는 것 같아서, 행여 누구라도 내 아이를 삐딱한 시선으로 볼까 봐, 무엇보다 나를 문제 있는 엄마로 볼까 봐 속 시원히 이야기하지 못했습니다.

아이의 사춘기는 날마다 아이를 통해 자신의 바닥을 확인하는 때입니다. 적당히 교양 있고 인류애를 갖춘 사람이라고 자긍하던 내가, 아이의 사춘기를 통해 껍질 벗긴 양파 같은 내면을 마주하기 시작했습니다. 지금은 담담히 이야기할 수 있지만, 그때는 어쩔 줄 몰랐습니다. 이렇게 흔들리던 시절, 그림책은 내게 엄마로 그리고 '나'로 어떻게 살아가고 있는지 물었습니다. 그 질문에 답을 찾아 가면서 나 자신을 만나고, 조금씩 천천히 아이를 떠나보내는 엄마로 살아가고 있습니다.

아이에게 찾아온 사춘기가 암울한 시기가 아닌, 아이와 엄마 모두 든든히 자라나는 계절이 되면 좋겠습니다. 엄마가 온전한 자신을 마주하고, 그 힘으로 아이를 세심하게 바라보고 마음으로 공감해 줄 수 있으면 좋겠습니다. 그래서 마침내 아이를 씩씩하게 떠나보내는 엄마 새처럼 행복한 엄마로, 다시금 진짜 '나 자신'으로 살아가길 바랍니다.

이 책은 발달이론서도, 심리상담서도, 청소년 교육서도 아닙니다. 그러니 사춘기 문제에 대한 꼭 맞는 처방을 드릴 수는 없습니다. 그때의 저처럼 하루에도 수없이 천국과 지옥을 오가는 사춘기 아이 엄마들에게 전하고픈 스무 권의 그림책 이야기를 담았습니다. 이 책은 사춘기를 보낸 두 아이 엄마의 경험담이자 실패담이며, 그림책 활동가와 진로 강사로서 만난 십대 아이들과 엄마들의 이야기입니다. 이 이야기들을 통해 아이들의 마음과 생각을 조금이나마 만나고, 나아가 아이의 모습을 통해 다시금 누구의 엄마가 아닌 그냥 '나만의 나'를 만나면 좋겠습니다.

엄마라는 이름으로 불리는 사람들, 아이를 기르며 날마다 자기 한계를 직시하는 이들, 우리는 아이의 모습을 통해 아직 자라지 못한 내 안의 어린 나를 마주합니다. 그래서 엄마라는 이름은 무겁고, 우리를 한없이 작아지게 합니다. 그럼에도 엄마라는 이름 덕에 '나'라는 범주를 넘어 다른 존재를 사랑하는 법을, 있는 그대로의 누군가를 인정하는 법을 날마다 배우며 살아냅니다.

아이를 키우는 것은 자기를 넘어서는 일입니다. 미처 예상하지 못한 세상을 만나는 것입니다. 자기 경험과 틀로는 재단할 수 없는 아이의 세상과 모습을 인정하는 것입니다. 그래서 불안하고 흔들립니다. 누구도 자신에게 꼭 맞는 답을 알려 줄 수 없고, 오직 엄마와 아이가 함께 찾아가야 할 답만이 존재하는 길입니다. 그러니까, 아이와 함께 걸으며 아이와 함께 성장해 나가는 과정인 것입니다. 그 길에서 엄마의 가장 큰 소명은 아이를 독립된 인격체로 길러내어 세상을 향해 떠나보내는 일입니다. 나만의 작은 아기였던 아이를 날마다 떠나보내는 엄마들에게 이 책이 작은 토닥임이 되기를, 사춘기의 폭풍 한가운데서 짧은 쉼이 되기를 기도합니다.

그림책에 기대어 사춘기 아이와 엄마의 이야기를 담

았습니다. 그러니 책에 소개된 그림책과 함께 읽는다면 더할 나위 없이 좋을 것입니다. 물론 이 책을 먼저 읽고, 그림책을 찾아 읽어도 좋습니다.

각 장 끝에 있는 마음 노트에는 마음을 정리할 수 있는 질문을 담고, 제 경험을 나누었습니다. 독자 여러분의 마음과 생각도 적어 보시면 좋겠습니다. 생각하는 것을 써 보는 것만으로도 조금은 객관적으로 나와 아이를 바라볼 수 있을 것입니다. 또 독서 모임에서 함께 읽고 이야기를 나누며 다른 듯 비슷한 사춘기 엄마의 마음을 서로 공감하고, 위로하면 좋겠습니다.

오늘도 아이를 조금씩 떠나보내고 있는 모든 엄마를 응원합니다.

# 1부

## 내 아이의 사생활

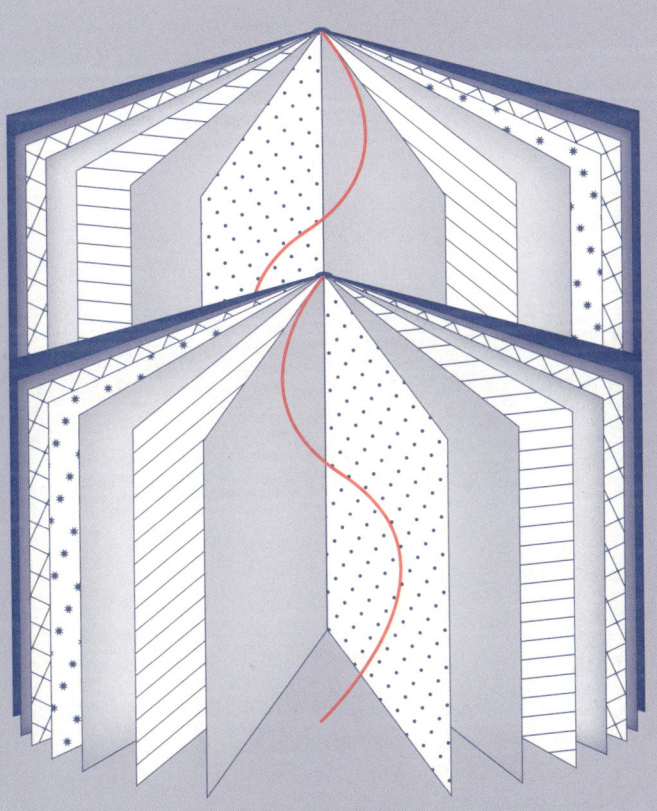

# 아, 다정했던 사람아!

"혼자 있고 싶어요"

찰스 키핑 글·그림, 《조지프의 마당》

다정했던 사람이여
나를 잊었나.
벌써 나를 잊어버렸나.

"그리움만 쌓이네"라는 오래된 대중가요의 한 소절입니다. 이 노래 가사가 엄마들의 입에서 맴도는 때가 왔습니다. 언제나 엄마를 따라다니던 껌딱지 아이가 이제 혼자 있고 싶어 합니다. 다정했던 아들딸들은 사라지고, 엄마를 봐도 데면데면한 사춘기 아이가 우리 앞에 서 있습니다.

예전에는 이런 일이 중학생이 되면서 나타났는데, 요

즘은 초등학교 4학년쯤 되면 슬슬 아이들이 엄마의 시선에서 벗어납니다. 그야말로 십대로 접어들면서부터 말이지요. 그래서 요즘 아이들은 예전보다 빨라지고 길어진 사춘기를 보낸다고 합니다.

그림책 모임에서 아이들을 만나다 보면 이 사실을 알 수 있습니다. 초등학교 1, 2학년 아이들과 함께하는 시간은 시끌벅적합니다. 아이들은 그림책 속 장면과 주인공을 보며 자신의 생각과 느낌을 솔직히 이야기합니다. 너나없이 모두가 정말 열심히 자기 이야기를 풀어 놓지요. 심지어 전날 밤 부모님의 부부싸움까지도 말입니다. 하지만 열 살, 특히 3학년 2학기 즈음부터는 말이 줄어듭니다. 솔직한 생각 대신 교과서에 나오는 모범 답안에 가까운 이야기를 시작합니다. 자기가 한 말에 대해 빈 아이들이 이렇게 반응할지 생각합니다. 가족이라는 울타리를 넘어 사회에서 자기 존재를 생각하는 때가 된 것입니다.

변화는 집에도 찾아옵니다. 온 가족이 함께 둘러앉은 풍경은 사라지고, 아이는 자기 방에만 들어가 앉아 있습니다. 나와서 함께 간식을 먹자고 해도 슬그머니 챙겨 방으로 들고 가는 아이의 모습이 생경합니다. 같이 먹자고 으름장을 놓으면 간식을 포기하는 쿨한 모습으로 응수합니다. 이런 걸 원한 건 아닌데…. 이래저래 아이가 참 낯섭니다.

저희 아이들도 이런 시절을 보냈습니다. 언제부터인가 학교에 다녀와서는 인사를 하는 둥 마는 둥, 빛의 속도로 자기 방에 들어갑니다. 옷을 갈아입고는 침대로 파고들어가 이불을 머리까지 뒤집어씁니다. 엄마의 어떤 질문이나 시선도 허락하지 않겠다는 굳은 의지가 느껴집니다. 엄마를 따라 마트를 잘 다니던 딸아이 역시 같이 나가자는 말에 "엄마 혼자 다녀오세요"라며 슬그머니 자리를 피합니다.

가장 충격적이었던 일은 1박 2일 일정으로 시댁에 내려가는 길에 두 녀석 모두 동행하지 않겠다고 한 일입니다. "엄마 아빠만 다녀오세요. 저희는 집에 있을게요." 이 말이 마치 독립선언처럼 느껴졌던 그날이 지금도 생생히 기억납니다. 내려가는 차 안에서, 그리고 시댁에 있는 동안 틈틈이 전화를 걸어 잘 있는지 물으면 아이들은 귀찮다는 듯 대충 대답했습니다. 내 걱정이 무안하리만큼 잘 지내는 모습이 마냥 대견하고 좋지만은 않았습니다. 다 키웠다는 시부모님 말씀이 이제 나는 아이들에게 필요 없어졌다는 이야기로 들리고, 마음이 허전해졌습니다.

그날을 시작으로 아이들은 이런저런 모임에 동행하기를 거부했습니다. 이제 부부만의 시간이 찾아온 것입니다. 기다리던 시간이었는데, 서로를 온전히 바라볼 수 있는 시간이 드디어 왔는데, 우리는 자리에 없는 아이들 이야기로 그 시간을 채우고 있었습니다.

> 십대 아이들은 자립을 갈망한다. 자기 일을 자기가 알아서 한다는 기분이 들게 해 주는 만큼, 부모에 대한 십대 아이들의 적대감은 줄어든다.[+]

십대 아이들은 자아의식이 높아져 정서적으로 부모에게서 독립하기 시작합니다. 이러한 현상은 사춘기의 당

---

[+] 하임 G. 기너트, 《부모와 십대 사이》(양철북), p. 41.

연한 발달 과정입니다. 아이들에게 부모는 더 이상 전지전능한 존재가 아니고, 자신과 다름없는 연약한 존재라는 사실을 발견하기도 합니다. 이 시간을 지나며 아이는 부모에 대한 의존적 관계에서 벗어나 스스로 생각하고 행동할 수 있는 독립적인 성인으로 성장할 것입니다. 그러니 변한 아이를 있는 그대로 바라보고 존중해 주어야 합니다. 조금씩 아이의 삶에서 물러날 준비를 해야 할 때를 맞이한 것입니다.

이때는 아이 삶의 방향키를 조금씩 아이에게 내어주고 서로간의 적당한 거리를 찾아가는 시간입니다. 처음에는 충돌과 갈등이 일어나겠지요. 하지만 분명한 것은 부모가 한 걸음 뒤로 물러서서 아이 스스로 걸어가는 걸음을 묵묵히 바라보며 응원해 주어야 한다는 것입니다. 어떻게 하면 적당한 거리를 유지하며 아이를 바라볼 수 있을까요? 이런 물음에 이야기를 들려주는 그림책이 있습니다.

✦ ✦ ✦

조지프의 마당에는 생명이라고는 하나도 없습니다. 그러던 어느 날 고물 장수가 찾아옵니다. 그는 조지프의 마당에 있던 고철 자전거를 가져가면서 대신 작은 나무 한 그루를 건네줍니다. 생명이라고는 키워 본 적 없는 조지프는 그날부터 최선을 다해 나무를 기릅니다. 그러나 아무것도 모르는 조지프는 모든 것이 낯설 뿐입니다. 그래서 피어난 꽃을 꺾어 버리고, 나무를 찾아온 나비와 새와 고양이를 쫓아냅니다. 그것도 모자라, 나무를 외투로 감싸기까지 합니다. 나무를 너무 사랑해서 한 행동이 결국 나무를 시들게 합니다. 그러나 조지프는 나무가 시들어 가는 모습을 외면하지도 피하지도 않습니다. 묵묵히 그 자리를 지키며 생각하고 또 생각합니다. 그리고 마침내 깨닫게 됩니다. 자신이 지켜야 할 선을, 나무와의 적당한 거리를 알게 된 것입니다. 그렇게 적당한 거리를 유지한 채 나무를 바라보는 조지프 앞에서 아름다운 꽃을 피워 내는 나무의 모습이 대견합니다. 물론 나무 앞에서 소심하게 웃고 있는 조지프도요.

　이 그림책을 볼 때마다 제 아이들과 엄마인 제 모습이 아른거립니다. 조지프가 처음 받아 든 나무는 갓난아이 시절 제 아이들의 모습을 떠올립니다. 새로운 세상으로 던져진 나무처럼, 엄마인 저를 통해 세상에 존재하게 된 이 아이들이 얼마나 소중했는지요. 나무를 심고 나서 날마다 찾아와 바라보는 조지프는 아이를 정성껏 돌보는 우리의 모습입니다. 그런 시절이 지나고 나무가 훌쩍 자란 지금은, 거리를 두어야 할 때입니다. 조지프가 몇 번의 실수를 하며 찾아낸 거리를 우리도 찾아야 합니다.

　그런데 부모와 아이 사이의 적당한 거리는 누가 찾아 줄 수도, 알려 줄 수도 없습니다. 아이들은 모두 고유한 존재이며, 같은 아이가 하나도 없습니다. 그러니 아이와의 적당한 거리는 부모인 우리가 찾아야 합니다. 조지프처럼 때로 사랑하는 마음이 앞서 실수도 하겠지만, 아이를 포기하지 말아야 합니다. 나무가 시들면 괴롭다고 회피해서도 안 될 것입니다. 조지프처럼 내리는 눈과 비를 맞고, 쏟아지는 햇빛과 바람에 휘청거릴지라도 도망가지 말아야 합니다. 그런 시간을 거칠 때 비로소 우리가 지켜야 할 거리를 알게 되고, 우리는 서서히 삶의 열쇠를 아이에게 내주게 됩니다.

아이와 적당한 거리를 유지하기 위해서는, 우리가 뿌리를 잘 내리고 든든히 서 있어야 합니다. 조지프는 나무를 찾아온 손님인 나비와 새, 고양이와 벌레를 처음에는 무서운 맹수로 보았습니다. 아마도 한 번도 보지 못한 존재들의 등장에 불안을 느꼈기 때문이겠지요. 찾아온 손님을 내쫓지 않고 아이를 있는 그대로 수용하며 거리를 유지하기 위해서는, 자신의 모습을 잘 돌아봐야 할 것입니다. 자신의 불안이 아이에게 전염되지 않도록, 자신의 얼룩이 아이를 물들이지 않도록 말입니다.

《조지프의 마당》을 함께 읽으며 만나는 엄마들은, 자신이 어떻게 아이들을 바라보고 있는지 새로운 눈으로 보게 됩니다. 특히 조지프가 불안에 겨워 소리치는 장면에 오래 머물며 자신을 돌아봅니다. 자기 안에 숨어 있는 불안과, 아직 정면으로 마주하지 못한 '나'를 조심스레 이야기합니다. 결혼하고 아이를 낳고 키우며 엄마가 되었지만,

여전히 감추고픈 모습이 있습니다. 다른 이들에게는 문제가 되지 않는 사소한 것들이 자신에게는 걸림돌이 됩니다. 그 걸림돌이 아이와의 관계에서도 엄마인 자신을 넘어뜨립니다.

화성에 있는 작은 도서관의 그림책 테라피 프로그램에서 만난 분이 있습니다. 그녀는 어려서부터 언니와 달리 몸이 약했습니다. 당연히 여러 부분에서 언니보다 뒤처지기 시작했습니다. 성장해서는 집안의 기대에 못 미치는 사람과 결혼했고, 이후로는 친정의 도움을 받았습니다. 늘 감사하는 마음이 있었지만, 시간이 지날수록 자신도 모르게 부모님께 죄책감을 느끼게 되었다고 합니다. 무엇보다 언니 가족을 보기가 불편해졌습니다. 언니와는 거리를 두고 만나는 기회를 줄이면 되지만, 문제는 자신이 어느새 아이를 다그치는 엄마가 되었다는 사실입니다. 아이가 학교생활을 시작하면서부터, 학업과 모든 면에서 우수하기를 바랐습니다. 언니에게 못 미치는 자신처럼, 혹여나 아이도 그런 삶을 살게 될까 봐 아이를 재촉했습니다. 아이가 십대가 되더니 슬슬 엄마를 피하고 혼자만의 공간으로 숨어든다고 말했습니다.

그녀는 자신의 얼룩을 이미 알고 있었습니다. 그 흔적은 희미해지지 않고 여전히 선명하게 남아 아이까지 물들이고 있었습니다. '나는 언니보다 부족한 사람'이라는 렌즈로 자신과 아이를 바라보고 있었던 것입니다.

아이와의 적당한 거리는, 아이가 아닌 부모가 든든히 설 때 만들어 갈 수 있습니다. 조지프처럼 자기 불안에 겨워 아이를 흔드는 것이 아니라, 그 모습을 먼저 마주하고 바라봐야 합니다. 자신의 모습을 솔직히 인정하고, 자신의 불안이 무엇인지 바라봐야 합니다. 저마다 누구에게도 알리고 싶지 않은 얼룩이 있고, 그 얼룩은 깨끗하게 지워지지 않습니다. 다만 그것이 더 진해지지 않으려면, 얼룩의 실체를 마주해야 합니다. 그리고 그 얼룩이 조금씩 희미해지도록 노력하며 살아가면 됩니다.

아이가 "혼자 내버려둬!"라고 외치나요? 그렇다면 이제 온통 아이에게 향하던 마음의 키를 조금씩 내 삶으로 돌려놓는 시절이 찾아온 것입니다. 내가 하고 싶었던 일, 가고 싶었던 곳을 향해 시간과 정성을 들여 봅시다. 다시 나로, 나만을 위한 삶의 조각을 모아봅시다. 조금씩 떠나가는 아이에게 힘차게 손을 흔들어 줍시다. 아이는 부모를 떠나 독립적인 존재로 성장해야 할 때가, 우리는 그 누구의 무엇도 아닌 온전한 자신으로 살아갈 때가 마침내 왔습니다.

---

**엄마의 마음 노트**

**혼자 있고 싶어 하며 독립적으로 변하는 아이를 보면 어떤 마음이 드나요?**

ㄴ 저는 불안한 마음이 컸습니다. '혼자 할 수 있을까? 혼자 갈 수 있을까?' 하며 아이를 붙잡는 내 모습을 알게 된 것은, 내 안에 존재하는 불안을 마주하고 나서입니다. 어릴 적 이모 댁에서 유학 생활을 한 경험이 제 불안의 근원이었지요. 내 불안의 존재를 마주하고 어렸던 그 시절의 나를 안아 주면서, 아이를 바라보는 불안한 마음이 조금씩 줄어드는 걸 느낄 수 있었어요.

**아이와 적당한 거리를 유지하기 위해 할 수 있는 일은 무엇일까요?**
ㄴ 저는 아이들과 규칙을 정했습니다. 혼자 있는 시간을 존중해 주되, 가족이 함께해야 할 시간과 일을 함께 정했습니다. '주일예배에는 참석한다' '토요일 저녁은 온 가족이 함께 식사한다' 등등의 규칙을 만들었지요. 물론 완벽하게 지켜지지 않았지만, 함께 규칙을 만들어 가는 과정 자체가 가족의 일원으로 참여하는 것이니까요.

**세상으로 나아가는 아이의 뒷모습을 바라보는 당신에게 《나의 작은 아가야, 너를 사랑해》**(에가시라 미치코 글.그림, 사이비라 리에코 원작, 거북이북스)를 읽어 드리고 싶어요.

## 어떤 모습이 진짜 너?

"나도 내가 왜 이러는지 몰라요"

퀸틴 블레이크 글·그림, 《내 이름은 자가주》

"도대체 왜 그러니?"

"…"

"뭐가 문제인지 말을 해 봐. 왜 화가 났어? 방금 웃으면서 들어왔잖아?"

한참을 아무 말 없이 눈을 내리깔고 있던 아이는 "몰라. 나도 내가 왜 이러는지 모르겠어"라며 대성통곡을 했습니다.

사춘기의 정점이라는 중학교 2학년, 딸아이는 학교에서 돌아와 기분 좋게 인사하고 방으로 들어갔습니다. 10분쯤 지나 아이 방에 들어갔다가 날벼락을 맞았습니다. 분명, 노크도 하고 들어갔습니다. 그런데 아까 웃으며 들어간 아이는 온데간데없고, 얼굴이 빨개지도록 소리를 지르며 침대로 들어가는 아이를 보며 망부석처럼 한참 서 있었습니다. 도저히 그냥 나올 수 없어 아이를 일으켜 세웠지요. 그런 나를 향해 아이가 외쳤던 말이, "나도 내가 왜 이러는지 모르겠어"입니다.

사춘기 아이들은 거친 감정의 파도를 만납니다. 전에는 아무렇지 않던 일이 부당하고 불합리하게 느껴져 분노가 일고, 알 수 없는 슬픔과 우울이 찾아옵니다. 스스로도 자기 마음을 알지 못하는 시기를 맞이한 것입니다. 호르몬의 불균형으로 몸과 마음이 혼란에 휩싸이는, 그야말로 질풍노도의 시기입니다. 이런 아이들의 모습은 어디로 튈지 모르는 공 같습니다. 탄력이 너무 좋아서 한 번 튀어 오르면 그 높이를 가늠하기 힘듭니다. 그렇게 튀어 오른 탱탱볼에 부딪치고 얻어맞는 사람은 주로 엄마입니다. 그것도 마음으로 날아와 꽂히기 일쑤이고, 마음에 든 시퍼런 멍은 사라질 새가 없습니다. 학교에서 무슨 일이 있는 건 아닌지, 말 못 할 비밀이 생긴 건 아닌지…. 생각에 생각이 꼬리를 물으면서 한참을 아이 방 앞에서 서성입니다.

그나마 위안이 되는 것은 아이의 이런 모습이 잘 성장하고 있다는 신호라는 사실입니다. 미국 국립보건원의 신경과학자 제이 기드 박사의 연구에 따르면, 청소년기에도 뇌는 계속 발달하며 이성적 판단을 하는 전두엽이 가장 늦게 성숙한다고 합니다. 이 시기 아이들의 뇌는 뇌세포들 간 연결에서 큰 물리적·구조적 변화를 겪습니다. 동시에 화학적으로도 성호르몬을 포함한 여러 호르몬과 신경전달물질이 뇌의 변화를 추동해 나간다고 합니다.[+] 이처럼 여러 의학자와 심리학자들은 뇌 발달과 호르몬의 영향을 들어 사춘기의 질풍노도는 당연한 것이라 강조합니다.

아이가 아직 자라는 과정이니 인내하며 바라봐 주면 된다는 사실을 모르는 바 아닙니다. 그러나 아는 것과 계속 당하며 견디는 것은 천지 차이입니다. 예고 없이 날아드는 폭탄에 부모는 속수무책입니다. 브레이크 없이 달리

---

[+] 김현수, 《중2병의 비밀》(덴스토리), p. 216.

는 사춘기라는 차에 치여 마음은 어느새 너덜너덜해집니다. 아이의 감정을 잘 받아 주고 싶지만, 어느 순간 내 감정이 날것으로 불쑥 튀어나와 원색적으로 표현하고 맙니다. 그렇게 아이와 똑같이 반응하고는 돌아서서 자괴감에 허우적거립니다. 어른인 내가 십대 아이와 똑같이, 아니 더 유치하게 감정싸움을 하고 있다니 기가 막힙니다. 육아 강의를 듣고 부모 교육서를 읽으며 익혀 두었던 훌륭한 매뉴얼과 대화법은 머릿속에서 사라진 지 오래입니다. 그렇게 아침저녁으로 변하는 아이의 모습에 지쳐 갈 때쯤 저를 찾아온 그림책이 있습니다. 오랜만에 깔깔 웃으며 사춘기 부모의 부담을 잠시 잊게 해 준 자가주 이야기입니다.

✦ ✦ ✦

알록달록한 포장지에 싸인 아기가 있습니다. 목에는 이름표가 붙어 있고, 아이를 바라보는 두 사람의 표정은 환희로 가득합니다. 어떤 이야기일지 짐작이 가나요? 어느 날 갑자기 날아온 작고 소중한 아이와 함께 이야기는 시작됩니다.

옛날에 행복한 부부가 살았습니다. 그러던 어느 날 부부에게 소포 하나가 배달되어 옵니다. 그리고 우리가 예상했듯이 소포 안에는 분홍빛 생물이 들어 있습니다. "내 이름은 자가주예요"라는 이름표와 함께.

얼마 동안은 행복했습니다. 작은 아기는 너무나 사랑스러웠지요. 아이를 주거니 받거니 하는 부부의 모습에 오래전 아이를 안고 행복해 하던 저희 부부의 모습이 겹쳐 보입니다. 물론 그림책 속 부부처럼 그 아이가 언제나 사랑스러웠던 건 아니지만요. 그렇게 시간이 흐르면서…아이는 어떻게 되었을까요?

그림책을 한 장씩 넘길 때마다 작고 사랑스러운 아이 대신 상상치도 못한 동물이 등장합니다. 어느 날은 새끼 독수리, 또 다른 날은 코끼리, 심지어 아주 못된 새끼 용까지 등장합니다. 행복했던 부부의 삶은 완전히 흐트러집니다. 소박하고 단정했던 부부의 일상이 아이의 흔적으로 가득합니다. 독수리가 울어 대는 소음이, 코끼리가 와장창 깨뜨려 놓은 꽃병과 그릇의 잔해가, 때로는 더러운 진흙이

온 집에 가득 차고, 결국은 가족의 울타리를 넘어 옆집 할머니, 타인에게까지 아이는 흔적을 남깁니다. 그런데 이런 변화에도 아랑곳없이 부부는 최선을 다해 아이를 돌봅니다.

아빠가 말했어요.
"어떻게 좀 해 봐. 더는 못 참겠어."

자가주의 엄마 아빠는 이런 말들을 읊조리며, 날마다 변하는 아이의 곁을 지킵니다. 얼마나 시간이 흘렀을까요? 어느 날, 처음 찾아온 날처럼 멀쩡한 청년의 모습으로 방문을 열고 나오는 자가주가 등장합니다. 그 모습에 저도 모르게 그만 코가 찡해졌습니다. 누군가가 옆에서 이런 제 모습을 봤다면 뭐라 생각했을까요? 다정하게 부모님께 인사를 건네는 자가주의 모습은 저에게 크나큰 감동과 위로를 주었습니다. '내 아이도 이 시간이 지나면 저렇게 멀쩡한 모습으로 다정하게 나를 찾아오겠지' 하면서요. 그림책 뒤표지에 적힌 "예기치 못한 사건들로 가득 찬 놀라운 인생 이야기!"라는 문구를 보며, 우리 아이에게 찾아온 사춘기라는 시절도 예기치 못한 사건들로 가득 찬 놀라운 인생의 일부분이라는 사실을 꽉 붙들고 싶었습니다.

자가주의 이런저런 모습 중 코끼리와 멧돼지가 집을 마구 더럽히는 모양을 보면 정리 정돈이라고는 없는 사춘기 아이의 어지러운 공간이 떠오릅니다. 특히 사춘기 아이 방에서는 슬슬 새로운 냄새가 나기 시작합니다. 활동량이 많은 아이 중에는 씻기를 귀찮아하는 아이들도 있습니다. 물론 잘 씻어도 호르몬 때문에 냄새가 나는 시기입니다. 또 사춘기는 냄새뿐 아니라 허세를 동반하기도 합니다. 이제는 엄마의 잔소리를 더는 듣지 않겠다며, 자기가 다 알아서 한다고 합니다. 이맘때 아이들은 특히나 엄마의 모든 말을 '잔소리화'해서 듣습니다. 엄마의 한마디에 "내가 다 알아서 해요" 하고 응수하고 자기 방에 들어가지요. 엄마의 눈에는 아직 씻는 것도 방 청소도 제대로 할 줄 모르는 아이일 뿐인데요. 그러나 이런 귀여운 허세를 인정해 주어야 합니다. '제대로 좀 하렴!'이라고 질책하지 말고, 협상 테이블에 앉아야 합니다. 다 알아서 한다는 말을 일단 인정하고 최소한의 규칙은 함께 이야기해야 합니다.

아들의 경우 신체적으로 2차 성징이 나타나는 사춘기를 엄마 혼자 감당하기란 여간 벅찬 일이 아닙니다. 자가주의 엄마처럼, 매일 새로운 존재로 변해 가는 아이를 남편과 함께 바라볼 필요가 있습니다. 이 그림책에는 각 장면마다 부부가 함께 등장합니다. 자가주가 그들의 세상에 찾아오기 이전처럼 그들은 여전히 서로 눈을 맞추고, 함께 자가주를 바라봅니다. 때로 서로의 흰머리를 걱정하며 푸념을 늘어놓기도 하고 앞이 보이지 않는 막막함을 토해 내기도 하지만, 늘 함께 자가주 곁을 지킵니다.

정신과 의사 하지현 박사의 《지금 독립하는 중입니다》를 읽어 보면, 사춘기 아이들의 눈높이에 맞춘 엄마 아빠에 대한 재미있는 묘사가 있습니다.

> "아빠는 텅 빈 냉장고, 엄마는 꽉 찬 냉장고." 요리를 하려고 해도 냉장고가 텅 비어 있으면 할 수 없듯이 자식과 부모 사이에도 이야깃거리가 쌓여야 대화를 할 수 있다.…엄마는 아빠와 달리 이미 충분히 많은 재료를 냉장고에 갖고

있는 경우가 많다. 소통을 하는 데 재료 문제는 별로 없다. 도리어 재료가 너무 많은 게 문제일 때가 있다.

텅 빈 냉장고처럼 아빠는 아이에 대해 아는 것이 없습니다. 그러나 엄마는 꽉 찬 냉장고처럼 아이에 대한 모든 것을 기억합니다. 아이가 태어난 바로 그 순간부터 말이죠. 그래서 아빠와의 대화는 할 말이 없어 어색할 수 있고, 엄마와의 대화는 자칫하면 잔소리로 끝날 수 있다고 합니다. 그렇다면 텅 빈 냉장고와 꽉 찬 냉장고가 함께 아이와 대화한다면 어떨까요? 그림책 속에서 빗자루와 양동이를 든 엄마와, 쓰레받기와 작은 삽을 든 아빠처럼 말입니다.

아들의 사춘기 시절, 저희 부부도 역할을 분담했습니다. 저보다 논리적이고 덜 감정적인 남편이 아이의 잘못된 행동을 훈계하고, 아이와 대화하면서 규칙을 정하는 일을 맡기로 했습니다. 저는 있는 그대로의 아이 모습을 인정하는 엄마로서 마음을 다독여 주고자 했습니다. 물론 자가주의 부모처럼 한결같기는 힘들었습니다. 때로는 감정적으로 아이를 다그치고는 후회의 밤을 보내고, 때로는 제 밑

바닥을 확인하며 좌절의 골짜기를 지나기도 했습니다. 그러나 끝까지 회피하지 않고 아이와 그 시간을 함께 지나왔습니다.

"나도 내가 왜 이러는지 모르겠어요"라고 외치는 우리 집 아이가 독수리에서 코끼리로, 때로는 용과 멧돼지로 바뀌며 변화무쌍한 시절을 보내고 있다는 사실을 기억합시다. 그리고 반드시 멀쩡한 청년의 모습으로 방문을 열고 나올 거라는 사실도 말입니다. 우리 집 자가주의 미래를 기대하며, 스스로도 이유를 모르는 채 흔들리는 아이와 함께 한걸음씩 나아가 봅시다.

### 엄마의 마음 노트

자가주 부모가 아이를 키우며 손에 들었던 도구는 각자 달랐습니다. 오늘 사춘기 아이를 양육하는 당신의 손에 들린 도구(양육법)는 무엇인가요?

ㄴ 요즘 제가 손에 든 도구는 경청입니다. 스무 살이 넘

은 청년들이기에 이제 묵묵히 들어 주어야 하는 때임을 잘 알고 있습니다. 가끔 참지 못하고 한두 마디 하기도 하지만, 선택은 아이의 몫입니다.

**당신의 아이는 그림책 속 자가주의 모습 중 무엇에 가까운가요? 당신은 그 모습을 어떤 마음으로 바라보나요?**

ㄴ 이제 이십대인 저희 아이들은 의젓한 성인의 모습이 되어 있지만, 여전히 변화무쌍합니다. 때로는 멧돼지가 되어 타인과 사회가 부과한 역할을 들이받기도 하고, 때로는 박쥐가 되어 어두운 곳으로 숨어들기도 합니다. 하지만 이제는 그 모든 모습이 삶의 여러 모습 중 하나임을 잘 압니다. 저 역시 저희 부모님께는 여전히 자가주가 변해 가던 여러 모습 중 하나로 보이겠지요.

**오늘도 변화무쌍한 아이의 모습에 흔들리는 당신에게 《아리에트와 그림자들》(마리옹 카디 글·그림, 문학동네)을 읽어 드리고 싶어요.**

## 또 쓸모없는 일을?

"무용한 것의 아름다움이에요"

조오 글·그림, 《나의 구석》

몇 해 전 겨울, 중학교 2학년 아이들을 그림책 모임에서 만났습니다. 한 학년을 마무리하는 시기, 아이들과 마음을 나누고 싶어서 《왕 짜증 나는 날》과 《날마다 멋진 하루》라는 두 권의 그림책을 준비했습니다. 그림책을 함께 읽고, 모둠별로 "요즘 나의 삶에 관한 이야기"를 써서 발표하는 시간을 가졌습니다. 그중 랩으로 자신들의 이야기를 발표한 모둠이 기억에 남습니다. 그 친구들은 자신이 좋아하는 래퍼 이야기를 들려주고 나서 발표를 시작했습니다.

인생이 재미없고 사는 게 힘들어

나를 제약하는 게 너무 많아

학교 가기 싫어

반복된 하루가 지겨워

세상을 바라보는 환경이 너무 불편해

제대로 바꾸고 싶어

어른이 되고 싶어

내 인생이 영어 연극제 같아 겁이 나 ya!

어른이 되고 싶고 세상을 다 바꾸고 싶지만, 코앞에 닥친 영어 연극제처럼 인생이 겁난다는 아이들입니다. 어른인 듯 세상에 반항하고 인생을 고민하지만, 당장 내일 있을 학교 행사 생각에 긴장하는 영락없는 사춘기 아이들의 모습입니다. 어설픈 가사일지 모르지만, 좋아하는 랩으로 자신의 감정을 솔직하게 드러내는 아이들이 참 예뻤습니다. 그 후로 저도 그날의 아이들을 떠올리며 종종 랩을 듣습니다.

예전에는 십대 아이들의 랩 문화를 선뜻 받아들이기가 쉽지는 않았습니다. 무슨 뜻인지도 알 수 없는 가사, 거

기다 영어까지 섞인 이해 불가한 문장의 나열은 음악이기보다는 소음처럼 들렸습니다. 엄마가 하는 얘기는 못 알아들으면서 랩은 정확히 알아듣는 아이들의 귀가 신기할 뿐이었습니다.

진로 강사로서 중고등학생들을 만나다 보면 래퍼를 꿈꾸는 아이들이 한 반에 한두 명은 꼭 있을 정도입니다. 랩을 활용하는 프로그램으로 십대 청소년들을 만나는 정신과 전문의 장창현은 이렇게 말합니다. "힙합은 이미 십대의 주류 문화 한가운데 있다. 음원 차트를 살펴보면 상위 랭크 절반가량이 힙합 리듬에 기반을 둔 곡들이다.…그들의 삶과 내면의 목소리를 반영하는 음악, 힙합을 통해 10대, 20대 젊은 친구들과 쉽게 만날 수 있는 이유 중 하나이다."+ 또 이런 이야기도 들려줍니다. "미국 흑인 청소년들에겐 힙합 음악인들이 일종의 성공한 역할 모델이다. 어려운 여건에서 자기의 이야기를 음악으로 만들어 인기를

---

+ "왜 마음에 힙합인가?", 《정신의학신문》, 2018년 10월 27일 자.

얻는 모습을 보며 의미도 찾는다."++

랩에 열광하는 아이들은 성적으로 평가되는 사회에서 공부가 아닌 다른 무언가로 성공할 수 있다는 마지막 희망을 꿈꾸고 있는지도 모를 일입니다. 또 닮고 싶은 누군가를 찾는 아이들에게, 래퍼는 이상적 멘토이고 랩은 자신이 꿈꾸는 미래에 관한 이야기입니다. 아이들은 어른들이 시끄럽고 허세 가득한 음악이라고 치부했던 랩으로 자신의 이야기를 하고 있는 것입니다.

> "엄마, 나 피시방 들렀다 올게요."
> "집에 컴퓨터가 세 대나 있는데, 피시방은 왜?"
> "콘서트 예매 날이에요."
> "집에서 하면 안 돼?"
> "안 돼요. 집에서 하면 늦어요. 다녀올게요."

---

++ "힙합을 통해 젊은 환자들과 소통", 《주간경향》 1387호.

일 년에 두세 번은 꼭 피시방에 가서 콘서트 티켓을 예매하는 제 딸아이는 아이돌 '덕질'(어떤 분야를 열성적으로 좋아하여 파고드는 일) N년차입니다. 많은 딸들이 그렇겠지만 아빠가 아이의 세상 전부일 때가 있었습니다. 아이가 초등학생일 때 학교에서 지역 팀인 수원 팀 축구 관람표를 주었는데, 아이는 그걸 꼭 챙겨 와서 아빠와 축구를 보러 가곤 했습니다. 그랬던 아이가 '아빠' 대신 '오빠'를 찾고, 축구 대신 콘서트를 보러 경기장을 찾게 된 것입니다. 아이의 세상은 이제 온통 오빠들 차지가 되었습니다. 부모에게서 조금씩 독립하며 자신만의 세계를 만들어 가는 아이에게 아이돌이 이상적 존재로 등장한 것입니다. 나 또한 연예인을 좋아한 시절이 있었기에 이해는 한다지만, 가끔 서운하고 걱정이 된 것도 사실입니다.

한창 공부해야 하는 고등학교 시절까지 아이는 그렇게 아이돌에 열정을 쏟아부었습니다. 부모가 종종 걱정 어린 잔소리를 쏟아 냈지만, 아이는 아랑곳하지 않고 덕질의 길을 걸어갔습니다. 《나의 구석》은 그 시절의 아이를 떠올려 주는 그림책입니다. 어른들이 쓸모없는 것으로 치부하는 일에 자신의 목소리를 담고, 자기만의 세계를 만들어 가는 아이들의 이야기입니다.

✦ ✦ ✦

두 면이 맞닿은 구석. 이 구석에 까마귀 한 마리가 등장합니다. 딱히 할 일이 없다는 듯 한동안 자리를 지키던 까마귀가 움직입니다. 구석에 무엇인가를 채워 넣기 시작합니다. 까마귀가 놓아두는 것들은 다양합니다. 열심히 구석을 채우던 까마귀는 만족한 듯 자리를 잡고, 그 공간에서 일상을 시작합니다. 좋아하는 책도 읽고, 소중한 화초도 키웁니다. 얼마나 시간이 지났을까요? 까마귀는 무언가 필요하다고 느낍니다. 그리고 벽에 그림을 그리기 시작합니다. 선과 선이 하나둘 쌓여 면을 만들고, 어느새 벽을 가득 채웁니다. 그러고도 무엇인가가 부족해 보입니다. 마지막으로 까마귀는 벽에 작은 창문을 내어 더 넓은 세상을 향해 손을 내밉니다.

어린이와 어른의 경계에 있는 사춘기 아이들은 두 벽

© 웅진주니어, 2020

이 맞닿은 곳에 앉아 있는 그림책 속 까마귀와 같습니다. 사춘기 시절은 아이들이 좋아하는 것들로 채워집니다. 어른이 보기에는 아무 쓸모도 없는 듯 보여도, 아이에게는 소중하고 의미 있는 것들입니다. 저희 아이의 경우 그것은 아이돌이었지만, 랩, 피규어, 밀리터리, 레고, 기차, 애니메이션, 악기 등 다양한 관심사는 몰입의 즐거움을 알려 줍니다. 좋아하는 것에 열정적으로 몰입하는 이 경험은 삶에 큰 힘이 될 뿐 아니라, 무언가를 깊이 좋아했던 그 마음으로 자기 삶을 사랑하는 사람이 되게 합니다. 어떤 것에 대해 열정을 가져 본 사람만이 알 수 있는 즐거움은, 세상을 살아가며 만날 크고 작은 어려움 앞에서 큰 힘이 되어 줄 것입니다.

까마귀는 이제 벽에다 아름다운 그림을 그려 나갑니다. 좋아하는 것을 모으던 아이들이 그것을 통해 또 한 걸음 움직이는 모습과도 같습니다. 랩을 좋아하는 아이들은 어느새 비트에 자신의 이야기를 얹어 부릅니다. 저희 아이도 용돈을 모아 아이돌 콘서트에 가고 음원을 사는 것에서 한 발 더 나아가 굿즈를 제작합니다. 작은 스티커에서부터 응원 배너까지, 유튜브에서 익힌 포토샵으로 만들 수 있는 것이 무궁무진합니다.

그러다가, 좋아하는 것을 직업으로 삼는 사람들도 생겨납니다. 일명 '덕업일치'라고 하지요. 대표적인 인물은 레고 아티스트 네이선 사와야입니다. 저는 진로 수업에서 아이들을 만날 때, 변호사이자 레고 '덕후'(어떤 분야에 몰두해 전문가 이상의 열정과 흥미를 가진 사람)였다가 아예 변호사 일을 그만두고 레고 아티스트의 길을 선택한 그의 이야기를 종종 들려 줍니다.

2021년 제26회 부산국제영화제 다큐멘터리 경쟁 부문에 오른 화제작 〈성덕〉의 오세연 감독 역시, 덕질을 계기로 다큐멘터리를 만들었습니다. 오세연 감독은 중학교 때부터 7년간 한 인기 가수의 팬으로 활동하며 '성덕'('성공한 덕후'의 줄임말)이 되고 싶었다고 합니다. 그러나 하루아침에 유명 가수에서 범죄자로 변한 자신의 스타를 보며 분노했고 나아가 다큐멘터리 작업을 시작했습니다. 그는 이 작품에서 자신이 걸어온 덕질의 흑역사를 가감 없이 이야기하고, 비슷한 아픔을 가진 이들의 목소리도 함께 담아냅니다. 저는 이 다큐멘터리를 보면서 요즘 젊은 세대의 문화인 덕질에 담긴 공통의 정서를 조금은 알게 되었습니다. 또 이 영화는 주체적인 소비자이자 팬이 자신이 좋아하는 스타의 비판자로도 존재하는 요즘 덕질의 모습을 보여 주고, 아이돌 덕질과 '박사모'를 연결하여 개인을 우상화하는 사람들의 모습을 비추며 질문을 던집니다.

누군가에게는 흑역사로 보였을 그 덕질의 시간 덕분에, 오세연 감독은 한국예술종합학교에 진학하고 자기 이야기를 영화로 만들 수 있었습니다. 그러므로 그의 덕질은 흑역사가 아닌, 감독의 말처럼 자랑스러운 '백역사'가 될 것입니다. 우리 아이들이 좋아하는 일이 다른 사람, 특히 부모의 눈에는 쓸모없는 일로 보일지라도 그것이 나중에 아이를 어디로 인도할지는 아무도 모르는 일입니다.

또 눈여겨볼 것은, 자신의 공간을 열심히 채우던 까마귀가 세상을 향해 손을 내밀어 다른 까마귀와 소통하고 있다는 점입니다. 스스로 창문을 뚫고 자기만 있던 공간에서 벗어나 타인과 세상을 향해 나아간 것입니다. 이처럼 아이들도 자신이 좋아하는 것을 통해 세상과 소통합니다. 공통

관심사를 가진 다양한 사람들을 만나고, 그 안에서 좋은 멘토를 만나기도 합니다.

저희 아이는 덕질을 통해 전국에 있는 친구들을 사귀었습니다. 수험생 시절에는 언니들이 힘내라며 기프티콘을 보내 주고, 진로에 대해 조언해 주기도 하더군요. 또 콘서트에 함께 가는 또래 친구들도 사귀었습니다. 수원에서 콘서트가 있으면 친구들을 집으로 데려와 재워 주기도 했습니다. 이제 이십대가 된 딸아이는 중고생 아이들에게 아는 언니가 되어 줍니다. 자신이 언니들에게 도움을 받은 것처럼, 학교생활이나 친구 문제로 고민하는 십대 아이들에게 이런저런 이야기를 들려줍니다. 그렇게 아이는 자신만의 세상을 만들며 성장해 왔음을 이제야 알게 됩니다.

물론 이런 덕질 생활에도 경계는 있어야 합니다. 아이돌을 좋아한다고 해서 사회 문제가 되고 있는 '사생팬'(연예인의 사생활을 침해하는 극성팬)처럼 되어서는 안 됩니다. 아이들은 사춘기 시절에 겪는 외로움과 관계의 어려움을 보상하기 위해 무엇인가에 집착하기 쉬운데, 그러다 자신과 주변 사람들에게 상처를 남기기도 합니다. 스스로 경계를 세우면 좋겠지만, 그러기에는 아이들을 유혹하는 것이 너무 많습니다. 그러니 적당한 선에서 부모가 개입해야 합니다. 저희 아이는 용돈에서 덕질 비용은 10퍼센트 안에서 쓰기로 약속했습니다. 또 콘서트는 방학이나 학기 일정에 부담이 없는 연말에 가기로 하는 등 경계를 세웠습니다.

사춘기 아이와 부모는 끊임없는 타협과 절충의 시간이 필요합니다. 신경전과 감정의 충돌이 있는 이 과정이 힘들어도 외면하지 말고, 아이와 꾸준히 삶의 태도와 가치관을 세워 가는 소통의 시간을 가져야 합니다.

여전히 제 눈에는 시즌마다 나오는 '예쁜 쓰레기'(굿즈와 음반)를 사는 아이가 '호갱'으로 보일 때가 있습니다. 하지만 애교로 보고 넘어가 줍니다. 그러나 반드시 힘주어 이야기하는 것이 있는데, 덕질의 대상이 무엇이든 자기 자신과 자신의 생활보다 우선할 수는 없다는 사실입니다.

오늘도 자신의 구석을 아름답게 채우고 있는 아이들을 사랑의 시선으로 바라보는 엄마가 되고 싶습니다. 내가 쓸모없다고 생각한 그것이 내 아이에게 반짝이는 오늘을 선물해 줄 수 있음을 알고 있으니까요.

> 엄마의 마음 노트

**오늘 당신 아이의 구석은 무엇으로 채워지고 있나요?**
ㄴ 첫째 아이는 역사 덕후였습니다. 아이에게 역사는 암기 과목이 아닌, 큰 줄기에서 퍼져 나온 가지들처럼 온 세계가 연결된 하나의 이야기였습니다. 그런 아이 덕분에 전국의 박물관을 열심히 다녔지요. 역사 관련 책도 열심히 읽다 보니 천 권이 넘는 책을 읽고, 손쉽게 한국사능력검정시험 1급에 합격하기도 했지요. 그렇다고 역사학과에 진학한 것은 아니고, 그저 역사를 좋아해서 몰입의 즐거움을 누렸을 뿐입니다.

**오늘 당신의 구석은 무엇이 채우고 있나요?**
ㄴ 아이들이 사춘기를 지나던 시절 다시 만난 그림책이 여전히 저의 구석을 채우고 있습니다. 그림책으로 채워진 구석에서 이제 세상을 향해 조그마한 창을 내고, 타인을 향해 손을 내밀고, 세상을 향해 걸어갑니다.

**날마다 자신의 빛깔을 쌓아 가는 아이와 당신에게** 《차곡차곡》(서선정 글·그림, 시공주니어)**을 읽어 드리고 싶어요.**

# 먼저 내면의 아름다움을
"나도 예뻐지고 싶어요"

다비드 칼리 글, 클로틸드 들라크루아 그림, 《난 나의 춤을 춰》

> 근데 화장하고 나니까 날 보는 애들 눈빛부터가 다른 거야.
> 먼저 말도 걸어 주고 친구도 금방 생기고. 그때 생각했어.
> 이 가면을 절대 벗으면 안 되겠구나.

2020년 tvN에서 방영한 웹툰 원작 드라마 〈여신강림〉에 나오는 대사입니다. 고등학생을 주인공으로 하는 이 드라마를 소개하는 글은 이러합니다. "외모 콤플렉스를 가지고 있다가 '화장'을 통해 여신이 된 주경과 남모를 상처를 간직한 수호가 만나, 서로의 비밀을 공유하며 성장하는 자존감 회복 로맨틱 코미디." 또한 외모 콤플렉스가 있는 주인공이 성형수술을 하고 대학에 입학하며 진짜 자신을 찾는 성장 드라마 〈내 아이디는 강남미인〉도 몇 해 전에 방영한 바 있습니다.

두 드라마 모두 주인공의 외모 콤플렉스에서 이야기가 시작됩니다. 과연 소개란에 쓰인 대로 자존감 회복과 내적 성장을 충실히 다루었는지는 잘 모르겠습니다. 성형과 화장이라는 전제가 있지만 드라마 속 주인공들은 모두 예쁘고 날씬하며, 남자들에게 인기도 많습니다. 결말로 가면서 주인공은 자신의 본 모습을 그대로 받아들이고, 덤으로 잘생긴 남자친구를 얻으며 드라마는 해피엔딩으로 막을 내립니다. 두 드라마 모두 십대 아이들에게 꽤 인기가 있었는데, 뻔한 스토리임에도 사춘기 아이들의 환상을 채워 주는 부분이 있었나 봅니다. 무엇보다 요즘 십대들이 화장, 성형, 다이어트와 함께 외모에 지대한 관심이 있기 때문일 것입니다.

많은 십대 아이들이 화장을 합니다(요즘은 시기가 더 빨라져 초등학생들도 한다고 합니다). 예전에 저는 화장을 진하게 한 아이들을 만나면 깜짝 놀라서 "얘들아, 화장 안 해도 너희가 얼마나 예쁜데"라고 말하곤 했습니다. 하지만 요즘은 화장하는 것만큼 지우는 것도 중요하다는 이야기 정도만 할 뿐입니다. 화장은 이제 사춘기 아이들에게 당연한 일상이 되었고, 다이어트와 성형 또한 아이들 입에 예사로 오르내립니다. 방학이 끝나면 쌍꺼풀 수술을 하고 등장하는 친구들이 곧잘 있고, '일생이 다이어트'라는 말이 생겨날 정도입니다. 짙은 화장 대신 말간 민낯이 예쁜 아이들이지만 아이들의 화장을 무조건 막을 수는 없습니다. 모두 화장을 하는데 우리 아이만 못 하게 하면 몰래 할 수 있으니, 차라리 자연스럽게 이야기를 나누면 좋겠습니다. 화장을 잘 지우는 법이나 안전한 성분에 대해서도 알려 주어야 합니다.

이렇듯 사춘기 아이들은 외모에 매우 관심이 많습니다. 다른 사람이 보는 내가 어떠한지가 중요하고, 늘 타인의 평가를 신경 씁니다. 거울 앞에서 오랜 시간을 보내고, 앞머리 갈라지는 것이 세상에서 가장 큰 걱정거리인 이 아이들이 자신의 외모에 만족하지 못하는 것은 당연한 일입니다. 더 이상 '예쁜 내 아기'라는 엄마의 마법이 통하지 않는 시절이 찾아온 것입니다.

저희 아이들도 중학생이 되면서 외모에 점점 신경을 쓰기 시작했습니다. 엄마가 사다 주던 옷을 군말 없이 입던 아들 녀석도 말입니다. 체크무늬 셔츠는 아저씨 옷 같아서 싫다는 둥, 색이 마음에 안 든다는 둥 이런저런 이유로 입지 않는 옷이 많아졌습니다. 또 이발하는 것을 왜 그리 싫어하는지, 미용실에 갈 때마다 "짧게 자르지 마세요"가 인사가 되었습니다. 저는 시원하게 자르면 깔끔하고 좋을 것 같은데, 아이는 혹여 머리가 짧아질까 봐 내내 거울을 노려보고 있었지요. 또 키 타령은 어찌나 해 대던지…. 키가 크지 않았던 아들 녀석은, 자기는 키가 작아 루저라는 말도 서슴없이 던져 부모를 죄인 아닌 죄인으로 만들었습니다.

딸아이는 사춘기가 찾아오자 다이어트를 시작했습니다. 먹는 걸 좋아해서 음식을 조절한 적이 없던 아이였습니다. 운동하자는 아빠의 말에, 아이는 운동보다는 식단 조절을 하겠다고 했습니다. 점심에는 급식을 먹고 아침저녁으로 닭가슴살과 두부만 먹겠다는 계획을 야무지게 세웠습니다(한 달 하려던 다이어트는 훨씬 일찍 막을 내렸지만 말이지요). 그렇게 저희 아이들은 거울 앞에 서서 자기 외모를 못마땅하게 바라보는 시절을 보냈습니다. 《난 나의 춤을 춰》의 소녀처럼 말입니다.

+ + +

표지 그림에는 거울 앞에서 행복한 미소를 지으며 춤추는 소녀가 있습니다. 소녀의 몸짓과 표정을 보면 괜스레 미소를 머금게 됩니다. 오데트는 꿀벌 옷으로 갈아입고, 음악을 틀고 거울 앞에서 춤을 춥니다. 이런 오데트에 대한 생각은 사람에 따라 다양합니다. 부모님에게는 언제나 돌봐 주어야 하는 허약한 딸이지만 친구들이 보기에는 뚱뚱한 아이이고, 선생님에게는 순한 학생입니다. 하지만 오데트가 자신을 어떻게 생각하는지는 아무도 모릅니다. 오데트가 좋아하는 것은 달콤한 간식과 책인데, 그중에서도 가장 좋아하는 작가의 책은 모두 읽고 외울 정도입니다. 오데트의 구석도 좋아하는 것들로 가득 채워져 있습니다.

ⓒ 《난 나의 춤을 춰》, 모래알(키다리)

그런데 날마다 즐겁게 춤추던 오데트에게 변화가 생깁니다. 배구 교실 친구들처럼 날씬하고 예뻐지고 싶어진 것입니다. 좋아하는 책의 주인공처럼 되고 싶은 마음도 있습니다. 그래서 오데트가 한 일은 바로 다이어트입니다. 좋아하는 간식을 포기하고 시작했지만, 제 딸처럼 오래가지 못했습니다. 그러던 어느 날 학교에 오데트의 영웅이 찾아옵니다. 상상과는 달리 교실 문을 겨우 통과할 만큼 덩치가 크고, 다른 이의 시선에 개의치 않고, 자신이 좋아하는 것을 당당하게 말하는 작가의 모습은 오데트에게 중요한 것을 알려 줍니다. 남에게 보이려고 겉모습을 꾸미기보다, 있는 모습 그대로 자신만의 춤을 추며 살아가면 된다는 사실을 말입니다. 거울 앞에서 미소를 되찾은 오데트의 모습은 너무나 사랑스럽습니다.

사춘기 아이들의 머릿속은 타인에게 보이는 자기에 관한 생각으로 가득합니다. 거울 앞에서는 스스로를 무대의 주인공으로 여기며 춤을 추면서도, 자꾸만 다른 사람이 보는 자기에 대해 고민하고 살피는 오데트처럼 말입니다. 사춘기를 지나는 십대 시절에는 모든 사람이 자신을 바라보고 있다고 생각한다고 합니다. 그러니 사람을 만날 때 제일 먼저 드러나는 외모에 신경 쓰는 것은 당연합니다.

문제는 십대 아이들이 외모의 기준으로 삼는 것이 대부분 드라마, 영화, SNS에서 보는 이미지라는 것입니다. 아이들은 유명인과 자신을 비교하며 불만을 느끼고, 더 나아가 그 모습을 따라 하려 합니다. 최근 십대들 사이에서 SNS로 다이어트 인증을 하는 것이 유행이라고 합니다. SNS에서 '프로아나' 태그를 달고 다이어트를 함께 하는 문화에 많은 십대가 동참한다는 것입니다. 그런데 그 방법이 단체 카톡방을 만들어 서로를 독려하면서 거의 음식을 먹지 않고 변비약을 먹으며 버티는 것이라고 합니다. 인터넷에서 프로아나의 뜻을 찾아보니, 이런 설명이 나와 있습니다.

> 프로아나는 '찬성'을 의미하는 '프로pro'와 거식증을 의미하는 '아노렉시아anorexia'를 합성한 신조어로, 거식증을 동경하는 현상을 일컫는 말이다. 비정상적으로 마른 몸매를 동경하는 풍토와 함께 프로아나가 10-20대를 중심으

로 성행하고 있다. 정신과 질환 중 사망률 1위를 기록하고 있는 거식증은 생리 중단과 다양한 내과 질환 유발 등 신체에 미치는 악영향이 크고, 치료도 쉽지 않아 이 현상의 확산에 대한 우려가 커지고 있다.[+]

꽃처럼 예쁜 아이들이 왜 이렇게까지 외모에 집착할까요? 화장을 짙게 하고, 극단적인 다이어트로 쓰러지면서까지 말입니다. 아무렇지 않게 체형과 얼굴을 평가하는 문화가 아이들을 그렇게 만드는 건 아닐까요? '예쁘다' '날씬하다' '코가 높다/낮다' '눈이 크다/작다' 등등 예사로 쏟아내는 말의 홍수가 아이들을 옭아맵니다. 또 친구들이 다 하니까 (아이들 표현에 의하면) '세수하듯 자연스럽게, 물 흐르듯이' 화장하고 외모를 꾸미는 데 시간을 들입니다. 자기만 안 하면 튀니까 화장한다는 아이들도 있습니다. 그리고 무엇보다, 예쁘고 날씬해야 성공한 인생인 것처럼 말

---

[+] 《에듀윌 시사상식》, 2019년 8월호.

는 문화 속에서 아이들은 흔들립니다. 그렇게 되지 못하면 실패자, 찌질한 사람이 될까 봐 대중문화가 제시하는 이미지에 자신을 끼워 맞추려 합니다. 뷰티 업계의 상술도 여기에 한몫합니다.

이런 시대에 부모는 아이에게 무엇을 해 주어야 할까요? 저 또한 이 문제로 고민했습니다. 키는 어떻게 할 수 있는 일이 아니지만, 성장 클리닉도 찾아가고 철마다 한약을 지어 먹이기도 했습니다. 그러나 한계가 있으니 다른 방법을 찾아야 했습니다. 저는 아이가 자기 몸을 긍정적으로 바라볼 수 있도록 이야기해 주었습니다. 키 때문에 속상한 아이에게는 엄마 아빠 역시 키가 작지만 불편 없이 세상을 살아가고 있다고 말해 주고, 작은 키를 자기만의 강점으로 극복한 사람들의 이야기를 들려주었습니다(물론 하나도 위로가 되지 않았지만요). 또 아이들 앞에서 은연중에 외모나 키에 대한 말을 내뱉지 않도록 주의했습니다.

하루는 딸과 함께 어릴 적 사진을 보다 한 말 때문에 사달이 난 적이 있습니다. "우리 딸내미 이때 참 귀여웠네. 바가지 머리에 멜빵바지까지…." 함께 사진을 보던 아이가 조용해서 쳐다보니, 눈을 내리뜨고는 입을 꾹 다물고 있었습니다. 별 생각 없이 "왜?" 하고 묻자, 아이는 "맞아. 그때는 귀여웠지. 지금은 못생긴 거 나도 알아!" 하며 자기 방으로 휙 들어가 버렸습니다. 다른 누구와 비교한 것도 아니고, 어릴 적 얘기에도 이렇게 반응할 수 있다니, 사춘기는 자나깨나 살얼음판을 걷는 시기가 분명합니다.

그래도 아이가 듣든 말든 틈틈이 외모에 관해 이야기했습니다. 잔소리로 들리지 않도록 짧고 간단하게 전했습니다. 큰 키와 잘생긴 얼굴보다 건강한 몸이 얼마나 아름다운지, 아이의 모습과 상관없이 엄마와 아빠가 얼마나 사랑하는지, 몸서리칠 만큼 포옹을 하며 표현해 주었습니다. 물론 아이들은 별로 위로를 받지 못했고 엄마의 말을 늘 무심하게 지나쳤습니다. 그럼에도 아이들이 자기 몸을 미워하지 않도록 부모는 늘 표현해 주어야 합니다.

또 저희는 아이들과 함께 운동하려고 노력했습니다. 대단한 운동은 아니지만, 짬이 날 때마다 집 앞에서 배드민턴을 쳤습니다. 일주일에 한두 번, 30분도 안 되는 짧은 시간이었지만요. 주말에는 도서관에 다 같이 다녀오는 우리 가족만의 약속을 만들었습니다. 나가기 싫어하는 아이들과 도서관까지 걸어서 움직이려면 적당한 보상이 필요했기에, 책을 대출하고 돌아오면서 외식을 하곤 했습니다. '일주일에 한 번'이 때로는 '한 달에 한 번'이 되었지만, 적어도 저에게는 꽤 좋은 기억으로 남아 있습니다.

딸의 중학교 시절 수행평가 중에, 매일 꾸준히 걷고 그것을 핸드폰 카메라로 촬영해 제출하는 것이 있었습니다. 학교에서 이렇게 걷기 숙제를 낼 정도로 요즘 아이들의 운동량이 적습니다. 예나 지금이나 우리나라 십대 청소년들이 책상에 오래 앉아 있기로는 세계 1등이니까요. 그 숙제 덕분에 저는 딸과 함께 걸었던 영상을 가지고 있습니다. 비록 짧은 시간이지만 아이와 소소한 대화를 나눌 수 있었고, 기분 전환도 되었습니다.

미디어 홍수 시대, 아이들이 무방비 상태로 몸과 외모에 대한 편견을 받아들이지 않도록, 다른 누군가의 평가를 기준 삼기보다 자기 몸을 있는 그대로 바라볼 수 있도록, 곁에서 함께 걸어 주는 엄마가 되어 주면 좋겠습니다.

### 엄마의 마음 노트

**오데트를 바라보는 사람들의 시선은 다 다릅니다. 부모님에게 오데트는 비쩍 마른 딸로 보였습니다. 당신은 아이를 어떻게 바라보고 있나요?**

ㄴ 이십대인 제 딸은 몸집도 있고 화장도 잘 하지 않습니다. 이제 아이는 외모 스트레스를 받지 않습니다. 가끔 친가에 가면 할머니의 운동하라는 잔소리에 짜증을 내기는 하지만, 타인의 시선에 크게 개의치 않습니다. 저 또한 아이에게 살을 빼라고 잔소리하거나 몸을 평가하는 말은 하지 않습니다. 지금으로도 충분히 아름다운 아이임을 잘 알고 있으니까요.

**엄마인 당신은 자기 자신을 어떻게 바라보고 있나요?**

ㄴ 저도 제 몸과 마음을 사랑하지 못한 시절이 있었습니다. 마흔에 긴 터널을 만나 삶을 방치하고, 그러면서 몸과 마음도 방치했지요. 아이를 낳은 이후로 늘 다이어트를 노래하고 살긴 했지만, 그때만큼 심각했던 적은 없었지요. 그런데 그림책을 만나고, 나를 만나고, 조금씩 나를 사랑할 수 있게 되자 제 입에서 다이

어트 소리가 사라졌어요. 지금은 다이어트가 아니라 제 건강을 위해 운동합니다.

있는 그대로의 아이 모습을 사랑하고픈 당신에게 《뾰족반듯단단 도형 나라의 비밀》(가졸, 크뤼시포름 글·그림, 한울림어린이)을 읽어 드리고 싶어요.

## 2부

## 내 아이의 마음생활

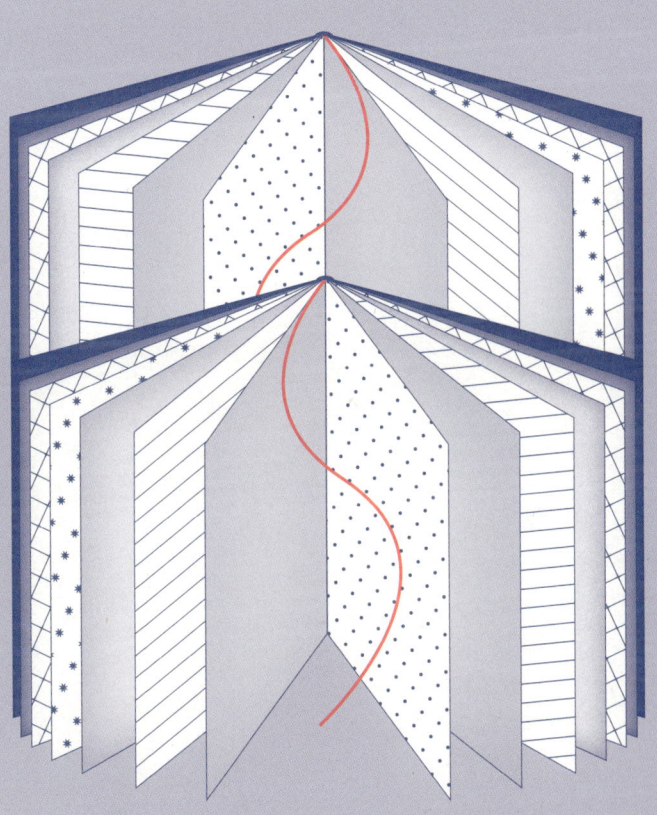

# '금사빠'라니
"사랑받고, 사랑하고 싶어요"

강경수 글·그림, 《처음, 사랑》

몇 해 전 고등학생 아이들을 그림책 모임에서 만났습니다. 입시 부담을 가진 예비 고3 친구들이었기에, 위로와 응원이 될 만한 그림책 몇 권을 가져갔습니다. 우리는 그중 한 권인 숀 탠의 《빨간 나무》를 함께 읽었고, 아이들은 고3을 앞둔 마음과 최근의 고민에 관해 이야기를 나누었습니다. 그중 한 친구가 자신이 말할 차례가 오자 왈칵 울음을 터트렸습니다. 어른들이 그림책을 읽고 이야기하다 눈물을 보이는 경우는 많이 봤지만, 아이들과 함께하는 자리에서는 거의 없던 일이라 제 마음도 덜컹 내려앉았습니다. '입시 부담이 너무 큰가? 친구 관계에 문제가 생겼나? 아니면

가정에 무슨 어려움이?…'

짧은 순간 많은 생각이 오갔습니다. 어떤 이야기도 진심으로 공감하겠노라 굳게 마음먹고 아이의 입만 바라보았지요. 저뿐 아니라 함께한 아이들 모두 그의 울음이 잦아들기를 기다렸습니다. 시간이 얼마 흐르고 아이는 물기 가득 머금은 목소리로 "선생님, 남자친구랑 헤어졌어요. 근데 보고 싶어요"라고 간신히 말하고는 다시 눈물을 흘렸습니다. 저는 순간 '아' 하고 터져 나오는 외마디 말을 간신히 참았습니다. 미처 생각하지 못한 이유였던 것입니다. 그 아이를 통해, 제가 여전히 아이들의 마음을 자기 시선으로 짐작하고 바라보는 어른임을 깨닫게 되었습니다.

당황한 마음을 얼른 수습하고, 이야기가 이어지기를 기다렸습니다. 아이는 고3을 앞두고 남자친구에게 이별 통보를 받았는데, 여전히 그 친구가 보고 싶다고 했습니다. 흐느끼는 아이를 보며, 십대들도 사랑하고 사랑받고 싶어 하는 존재라는 걸 새삼 느낄 수 있었습니다. 저는 그날 오래전 제 연애사를 떠올리며 연애 상담을 해 주고 돌아왔습니다. 세상에 만날 남자는 많다는 말도 해 주었고요. 물론, 막 이별을 맞이한 사람에게 도움이 되는 이야기는 아니었을 것입니다.

언젠가 만난 중학교 2학년 아이들도 비슷한 이야기를 해 주었습니다. "연애하고 싶고 사랑받고 싶은데, 잘해 주지 못해서 헤어질까 봐 두려워요." "좋아하는 사람이 있는데 날 봐 주지 않아 속상해요." 연애, 사랑, 이성 친구 이야기에 걱정을 앞세워 '나중에'라고 말하는 부모인 제게, 아이들은 그것은 '바로 지금 자신의 이야기'라고 말합니다.

물론 모든 아이가 이성 친구를 사귀지는 않습니다. 저희 아이들처럼, 일명 '모솔'(모태 솔로)도 있습니다. 저희 아이들에게 이성을 만나고 싶지 않냐고 물어보면 서로를 바라보며, 함께 사는 이성 덕분에 환상이 없다나요. 하지만 이런 모솔 친구들이 놀림거리가 되는 경우가 있고, 스스로도 매력이 없어 모솔이라 생각하는 아이들도 있습니다. 또래 사이에서 왠지 자신만 부족한 것 같아 급하게 이성 친구를 찾는 아이들도 있습니다. 정말 좋아하는 것도 아닌데 다른 친구들에게 보여 주기 위해 만나고 헤어지기를 반복하기도 합니다. 그야말로 '금사빠'(금방 사랑에 빠지는 사람),

사랑에서조차 또래 사이에서 소외되지 않기 위해 애쓰고 있는 아이들입니다. 그러니 자신의 아이가 이성 친구를 왜 사귀고 싶어 하는지도 살펴보아야 합니다.

십대 청소년들이 이성에 관심을 갖고 성적 충동을 느끼는 것이 자연스러운 성장 과정임을 누구나 잘 알고 있습니다. 그러나 막상 자신의 자녀가 그런 모습을 보이면 부모는 덜컥 겁이 납니다. 이럴 때 막연히 걱정하기보다, 당연한 성장 과정으로 인정하고 꼭 필요한 지식과 실질적 조언을 해 줄 수 있으면 좋겠습니다. 평소에 아이와 소통을 잘해 왔다면 이성 교제에 관한 대화도 자연스럽게 나눌 수 있을 것입니다. 물론 부모로서 궁금한 것이 너무 많지만 절제할 수 있어야 합니다.

"집에 데려와 봐! 엄마가 맛있는 간식 해 줄게." 이성 교제를 인정하는 이 말 뒤에 이런 마음이 숨어 있으면 안 됩니다. '대체 어떤 아이기에 우리 아이가 좋아할까? 어디 한번 봐야겠다.' '이상한 곳 가지 말고 엄마 보는 데서 놀아라!' 사춘기 아이들은 엄마 말에 숨은 마음도 정확히 아는 능력이 있습니다. 그저 '너의 이성 교제를 긍정적으로 인정하고 받아들일 것이며 불필요한 간섭은 하지 않겠다'는 용감한 선언을 해야 합니다.

✦ ✦ ✦

노란 표지에 제목이 은박으로 새겨져 있는 강경수 작가의《처음, 사랑》은 사춘기 아이들이 경험하는 처음 사랑을 잘 그려낸 그림책입니다. 드넓은 우주에 함께 있는 두 아이, 눈을 살며시 감은 채 춤추고 있는 아이들의 모습이 눈에 들어옵니다. 표지를 넘기니 한 소녀가 등장합니다. 한 소년이 소녀에게 다가와 수줍은 듯 편지를 전하고 뛰어갑니다.

콩닥콩닥 청소년 드라마를 보는 듯한 장면과 상기된 소녀의 얼굴에 독자의 마음도 설렙니다. 편지를 받고 춤을 추는 소녀의 심장은 드럼 연주를 하고, 두 발은 제멋대로 움직입니다. 남자아이가 자신과 같은 마음이란 걸 편지로 확인하고는 하늘을 날 듯합니다. 아니, 진짜 하늘을 날고 있네요. 남자아이도 꿈을 꿉니다. 야구 선수인 아이는 돌아오는 시합에서 홈런이라도 칠 수 있을 것만 같습니다. 이런 아이의 마음을 알고 응원해 주는 한 사람이 있습니다. 바로 아이가 자주 들러 핫도그를 사 먹는 노점상 아저씨입니다.

    핫도그 아저씨는 아이의 마음을 다 알고 있습니다. 모든 게 뻔히 보이는 동네다 보니 남자아이가 편지를 전하는 모습을 목격했을지도 모릅니다. 아니면 하루가 멀다 하고 핫도그를 먹으러 오는 아이가 아저씨에게 이야기했을지도 모릅니다. 이 처음 사랑이 현재진행형임을 아는 아저씨는 적당한 선을 지킵니다. 야구나 열심히 하라며 충고하지도, 이성 교제는 이래야 한다며 설교를 늘어놓지도 않습니다. 그저 시합에서 한 방 크게 날리라고 응원하고는, 하고픈 말을 멈춥니다. 아이는 자신의 처음 사랑을 존중해 주는 아저씨의 마음을 잘 알고 있습니다. 그래서 아저씨에게 걱정하지 말라고, 아저씨가 하고픈 말을 이미 알고 있다고 이야기합니다. 서로를 향해 손을 흔드는 아저씨와 아이의 모습은 두 사람의 좋은 우정을 보여 줍니다.

    또 한 명의 어른이 있습니다. 애석하게도, 소녀가 있

는 곳에 있는 어른은 소녀를 이해하지 못합니다. 소녀는 이제 막 시작된 처음 사랑을 온몸으로 표현하지만, 이 어른은 아이들 속에서 혼자 자유롭게 춤을 추고 있는 소녀를 용납하지 않습니다. 밖으로 나가라고, 말없이 손가락으로 문을 가리킵니다. 당신은 과연 어떤 어른입니까? 이제 막 설렘 가득한 처음 사랑을 시작하는 아이에게 어떤 엄마입니까?

핫도그 아저씨 같은 어른이 되기로 했다면, 이성 교제와 성에 관한 이야기를 충분히 주고받아야 합니다. 어른들은 이해하기 힘들겠지만, 요즘 아이들에게는 이성 교제와 성 경험이 별개의 이야기가 아닙니다. 질병관리청의 '청소년 건강 행태 조사'의 통계치도 이 사실을 보여 줍니다. 조사에 따르면 청소년들의 성관계 경험률이 10년 사이 5.1퍼센트(2009년)에서 5.9퍼센트(2019년)로 증가했다고 합니다. 그중 성관계 시작 연령은 평균 13.6세(2018년 기준)였습니다.

제가 그림책 모임에서 만나는 십대 아이들 중에는 미혼모들도 있습니다. 그 어린 엄마들은 그저 평범한 아이들일 뿐, 우리가 통념적으로 생각하는 문제아나 비행 청소년이 아닙니다. 어느 날 자신에게 찾아온 사랑이라는 감정에 책임이 있다는 사실을 알려 주는 어른이 없었을 뿐입니다. 우리가 알지 못하는 사이, 아니 어쩌면 외면하는 사이에 우리 아이들은 넘쳐나는 미디어와 음란물을 통해 성에 관한 이야기를 왜곡된 방식으로 접하고 있을지도 모를 일입니다.

저도 아이들의 사춘기 시절에 이성 교제나 성에 대해 어떻게 이야기해야 할지 고민했습니다. 머릿속으로는 멋지고 교양 있는 엄마로서 약간의 유머까지 장착해 대화하고 싶은데, 실상은 입을 떼기도 쉽지 않았습니다. 자칫 어색해질 수도 있고, 이야기하기 힘든 부분이 있는 것도 사실이기 때문입니다. 고민 끝에 저는 전문가의 도움을 받았습니다. 저희 아이들이 초등학생이던 시절에 재미있고 솔직하게 성교육을 해 주는 구성애 선생님이 등장했습니다. 그래서 두 아이 모두 구성애 선생님의 교육 프로그램에 참여했고, 이후로 집에서도 어색함을 무릅쓰고 천천히 시간을 갖고 이야기를 나누었습니다. 아이들이 청소년이 되어서는 드라마나 영화를 함께 보며 자연스럽게 스킨십이나 성에 대해 이야기를 이어 나갔습니다.

부모는 아이와 이성 교제와 성에 관한 이야기를 자연스럽게 나누면서 건강한 이성 교제 원칙을 만들어 가야 합니다. 그리고 아이를 믿어 주는 부모로서 한 걸음 물러나 아이를 바라볼 수 있어야 합니다. 저처럼 전문가나 외부 프로그램의 도움을 받아 첫 물꼬를 틀 수도 있고, 부모가 처음부터 자연스럽게 시작할 수도 있습니다.

이성 교제를 시작하는 아이와 꼭 나누어야 할 이야기는, 이성 교제는 동등한 관계라는 것입니다. 학교를 배경으로 하는 웹드라마나 웹툰을 보면 아직도 남성이 관계에서 우위를 보여 주는 경우가 많습니다. 때로 강압적인 스킨십 장면이 등장하고, 여성은 마음을 솔직히 표현하지 못하고 수동적 위치에 있는 존재로 묘사합니다. 이런 묘사를 자주 접하는 아이들은 자칫하면 이성 교제에서 관계의 불균형을 당연한 것으로 받아들일 수 있습니다.

이성 관계는 동등한 인간 대 인간의 관계이고, 스킨십이나 성적 행동에 대해 서로 솔직하게 소통해야 한다는 점을 이야기해 주어야 합니다. 사랑은 서로를 존중하고 인정하는 마음을 바탕으로 하는 감정이며, 이런 존중이 없을 때 서로에게 큰 상처를 입힐 수 있습니다. 처음 사랑, 처음 마음이다 보니 서로를 통제하고 다른 친구 관계나 일상에 지장이 생기기도 합니다. 건강한 이성 교제는 삶에 긍정적인 영향을 주며, 그 관계를 통해 성장할 수 있습니다.

마지막으로 가장 중요한 한 가지, 우리의 부부관계를 돌아봐야 합니다. 아이들은 부모의 등을 보고 배운다는 말이 있습니다. 아이들은 부모가 살아가는 모습을 통해 삶의 태도를 배웁니다. 부부가 서로 존중하며 사랑하고 있는지, 아이에게 이성 교제의 기본이라고 말한 관계의 기본을 잘 지키고 있는지 점검해 봐야 합니다. 《처음, 사랑》에서 우주를 함께 날고 다시 지구로 돌아와 미소 짓는 두 아이처럼, 서로를 바라볼 수 있으면 좋겠습니다. 이런 눈빛과 미소가 어떻게 가능하냐고 항변하신다면, 적어도 하숙생 바라보듯 하지 말고, 아이에게 마음 쏟는 시간의 절반이라도 내어 배우자를 바라보고 마음을 나누어 봅시다. 아이를 키우며 함께 기뻐하고 고단함도 함께 지고 가는 사람, 무엇보다 삶의 좋은 친구이자 동반자. 이렇게 서로를 바라보고 대할 때, 아이는 자연스레 부모의 모습을 이성 교제의 좋은 역할 모델로 삼게 될 것입니다.

이제 막 이성에 대한 관심을 표현하고 처음 사랑을 시작하는 우리 아이들에게, 든든한 연애 상담사가 되어 주면 좋겠습니다. 우리들의 오래전 사랑을 기억하며 아이가 시작하는 처음 사랑 앞에서 활짝 웃어 주는 엄마가 되면 좋겠습니다.

### 엄마의 마음 노트

처음 사랑에 빠진 두 아이의 표정에서 아이들 마음이 그대로 드러납니다. 당신의 아이에게서 이런 표정을 본 적 있나요? 그런 날이 온다면 어떤 이야기를 들려주고 싶나요?
ㄴ 사춘기 딸아이의 얼굴에 살짝 처음 사랑의 미소가 그려질 때가 있었어요. 아주 짧은 짝사랑이었지만, 아이의 얼굴은 그림책 속 소녀를 닮았었습니다. 그때는

'금사빠'라니

모르는 척해 주었어요. 자주 이야기하는 오빠 이야기를 들어 줄 뿐, 좋아하냐고 묻지 않았습니다. 어쩌면 자신도 자기 마음을 잘 몰랐을 테니까요.

**당신은 오늘 어떤 표정으로 남편을 바라보고 있나요?**

ㄴ 그림책 속 소녀와 같은 표정으로 남편을 바라본다면 얼마나 좋을까요? 어느새 세월이 지나 미소 대신 무표정한 얼굴로 대할 때가 많습니다. 아이에게 주는 관심의 절반은 고사하고, 때로는 존재를 잠시 잊고 아이에게 모든 것을 맞출 때가 있었어요. 이제는 이십대가 된 아이들 덕에 둘만의 시간이 많아졌습니다. 아이를 양육하며 수고한 서로에게 그림책 속 소년 소녀의 미소를 지어 주면 좋겠습니다. 처음의 그 미소는 아니겠지만, 서로 삐거덕거리는 몸과 마음을 의지하며 다시 둘만의 시간을 채워 가고 싶어요.

**서툰 처음 사랑 앞에 설레는 아이를 바라보는 당신에게 《왜 좋은 걸까?》(기쿠치 치키 글·그림, 천개의바람)를 읽어 드리고 싶어요.**

# 대답을 해 봐!

"그냥요, 몰라요, 왜요?"

박주현 글·그림, 《그레그와 병아리》

"그냥요." "몰라요." "왜요?" 어디서 많이 듣던 대답이지요? 제가 십대 아이들을 만나며 가장 많이 듣는 말입니다. 질문을 하면 마치 약속이라도 한 듯 대부분의 아이들이 이 세 가지 중 하나로 답을 합니다. '관심 없다' '당신이 떠들어도 나는 아무 생각이 없다'는 뜻입니다. 이런 친구들은 그나마 앞에 선 강사의 얼굴을 보기라도 하지요. 시작부터 끝까지 책상에 엎드려 있는 친구들도 만납니다. 그야말로 모든 것에 의욕과 흥미를 잃은 채 엎드려 있는 십대 아이들의 모습입니다.

집에 있는 아이를 보면 곰 한 마리를 보는 듯합니다.

잠은 왜 이렇게 많이 자는지, 아무리 호르몬의 영향이라지만 혹시 겨울잠을 자는 게 아닌가 싶습니다. 뭘 하자, 어디 나가자 해도 돌아오는 답은 "귀찮아요" 한마디입니다. '그렇게 귀찮으면 밥은 어찌 먹니?' 목구멍으로 넘어오는 말을 애써 삼킵니다. 공부는커녕 매사에 흥미를 잃은 건 오래전이고, 학교 가는 것조차 귀찮다고 노래를 부릅니다. 정말 왜 이러는 걸까요?

저희 집 첫째도 중학생 때 '학교 가기 싫어' 노래를 불렀습니다. 학교 다녀와서도 자기 방에서 이불을 뒤집어쓴 채 뒹굴뒹굴하며 시간을 보내곤 했습니다. 그야말로 동굴에 들어간 곰처럼 말입니다. 그런데 시간이 흐르고 아이와 이야기를 나누면서 그 이유를 조금 알게 되었습니다. 같은 반의 공부 잘하고 힘도 센 아이가 반 친구들을 괴롭히고 있는데도 선생님들이 제지하지 않는 모습이 너무 부당하게 느껴졌다고 합니다. 그 아이가 임원이고 그 엄마도 학교 운영위원이라는 사실이 아이의 눈에는 중요한 이유로 보였던 것입니다.

아이는 이처럼 불합리한 상황 앞에서 공부도 학교도

아무 소용없는 일로 느껴졌고, 무력감에 빠져 자신을 잠시 놓아 버렸습니다. 자기가 살아가는 세상이 교과서에 나오는 정의롭고 아름다운 세계가 아니라는 진실을 마주하고, 자기 나름대로 받아들이며 소화할 시간이 필요했던 겁니다. 무엇보다 중학생이 되어 만난 새로운 세상인 학교에서 잔뜩 긴장한 몸과 마음을 충전할 시간이 필요했던 겁니다.

이처럼 아이들의 '그냥요, 몰라요, 왜요'에는 그 나름의 이유가 담겨 있습니다. 아이들은 십대가 되면서 자기가 속한 세상을 조금 더 현실적으로 바라보게 됩니다. 좌절하고 방황하고 때로는 회피하고, 그러면서 조금씩 세상과 자신을 받아들입니다. 아이들에게는 그런 시간이 필요합니다.

✦ ✦ ✦

《그레그와 병아리》의 표지에는, 그릇 안에 들어 있는 병아리와 하얀 얼굴의 그레그가 마주보고 있는 모습이 그려져 있습니다. 앞 면지에는 깊은 물속에 잠긴 하얀 몸의

© 우리나비, 2018

그레그가 있습니다. 마치 자기만의 동굴에 들어가 있는 십 대 아이들의 모습 같습니다. 뒤쪽 면지에는 병아리와 함께 물 위에서 튜브를 타고 노는 그레그가 보입니다. 어떻게 그레그는 깊은 물에서 올라와 물 위에서 병아리와 함께 놀게 되었을까요?

    그림책 속 그레그는 혼자 살고 있습니다. 비 오는 날씨만큼이나 어두운 그레그의 마음에도 늘 비가 내립니다. 배가 고파 냉장고를 열어 보지만 먹을 만한 것이라곤 없고, 장을 보러 나가야 하지만 나가기도 싫습니다. 배고픔을 무시한 채 잠을 청해 봅니다. 식욕을 누를 정도로 그레그는 깊은 무력감의 바다에 빠져 있습니다. 하지만 며칠을 이렇게 지낼 수만은 없습니다. 무거운 몸을 이끌고 식료품 가게로 가서 후다닥 먹거리를 사고는 집으로 향합니다. 그런데 요리를 하려고 달걀을 깨는 순간, 달걀에서 병아리가 나옵니다. 당황한 그레그는 황급히 가스 불을 끄고, 어쩔 줄을 모른 채 혼자 거실로 나옵니다(물론 병아리에게 시리얼은 잔뜩 주었지요). 식욕은 다시 사라졌습니다. 그레그는 소파에 누워 잠을 잡니다. 그런 그레그 곁에 병아리가 있습니다. 아무 소리도 없이, 그저 곁에 누워 있습니다. 얼마나 시간이 지났을까요? 깜박 잠든 병아리가 그레그의 우는 소리에 잠을 깹니다. 그레그가 홀로 울고 있습니다. 몸속에 눈물이 가득 차오른 그레그의 모습에서 십대 아이들의 모습을 봅니다.

아이들이 무기력해지는 이유와 원인은 다양합니다. 가정 환경, 학업과 진로, 친구 관계 등 다양한 원인이 있습니다. 물론 가장 큰 원인은 학업에서 오는 스트레스입니다. 많은 아이가 유아기와 초등학교 시절에는 뭐든지 잘하는 아이였습니다. 그러나 커 가면서 조금씩 객관적인 수치로 명시되는, 즉 타인과의 비교로 평가되는 자신의 존재를 확인하게 됩니다. 전에는 미처 경험하지 못한 성적의 서열화가 본격적으로 시작되는 중학교 생활은 아이들에게 자신에 대한 혼란과 의심을 가져다줍니다. 뭐든지 잘하는 아이는 사라지고 점점 자신감을 상실하는 아이가 되어 갑니다. 이렇게 흔들리고 있는데, 어른들은 '게으르게 살지 마라' '의지를 가져라' '최선을 다해라' 같은 말만 할 뿐입니다. 그러니 더 깊은 동굴로 걸어 들어갈 수밖에요.

친구 관계도 쉽지 않습니다. 이 시기에는 친구만이 마음을 알아주는 존재입니다. 그러니 또래 무리에 함께하기 위해 애를 씁니다. 갑자기 따돌림을 당하지는 않을까 염려하며, 관계 속에 있으면서도 늘 마음 한편에 노란불을 켜고 위험에 대비합니다. 무엇 하나 쉬운 게 없는 시절이 찾아온 것입니다. 이런 아이들이 갈등을 겪고 상처를 입으면 자칫 무기력의 늪에 빠질 수 있습니다.

이처럼 아무것도 하고 싶지 않은, 아니 아무것도 할 수 없는 아이들 곁에서 부모는 무엇을 해 줄 수 있을까요? 이렇게 시간을 낭비할 수 없다고 재촉해야 할까요? 다 이해한다고, 상담을 받아 보자고 아이의 손을 잡아끌어야 할까요? 물론 무력감이 심해지고 우울증과 탈진 증세를 보인다면 반드시 전문가의 도움을 받아야 합니다. 그러나 그런 조치는 잠시 벗어난 달리기 레이스로 아이를 돌려보내기 위해서가 아니라, 어쩌지 못하는 아이에게 진심으로 도움을 주려는 마음이 바탕이 되어야 할 것입니다. 그레그 곁의 병아리처럼 말입니다.

병아리는 울고 있는 그레그에게 다가가 발목을 쪼기

시작합니다. 그것이 병아리가 할 수 있는 최선의 일입니다. 문제를 해결해 주려는 것이 아닌, 그저 함께해 주고픈 마음입니다. 그레그가 혼자가 아님을 알 수 있도록 그 작은 마음으로 그레그 곁을 지켜 준 것입니다.

저는 아이의 마음을 살피거나 묻지 않고, 아이의 행동에 대한 해결책을 들이밀던 엄마였습니다. 드러나는 모습과 행동에만 초점을 맞추고 답을 제시하는 엄마였습니다. 행여 내 아이가 사회가 그어 놓은 선에서 밀려날까 노심초사하느라 아이의 마음을 살피지 못했습니다.

아무 말도 없이 곁에 있는 병아리를 그레그는 냉정하게 쫓아냅니다. 그레그의 방에서 나오는 병아리의 쓸쓸한 모습은 아이들의 거절 앞에서 돌아서는 부모들의 모습과 닮았습니다. 그래도 병아리는 꿋꿋하게 그레그의 곁을 지킵니다. 그레그가 알아차리지 못할 정도로 곁에서 조용히 잠든 병아리의 모습이 그걸 말해 줍니다. 그렇게 시간이 지나고…그레그도 어느새 자신이 이전과는 조금 달라졌다는 사실을 알게 됩니다. 몸과 마음이 조금 가벼워진 그레그는 병아리를 꼭 안아 줍니다. 어느새 비가 그치고 따사로운 햇살이 새어 들어옵니다.

그런데 재미있는 사실은 그레그와 병아리가 바깥으로 나가지 않는다는 것입니다. 자신의 몸속 가득했던 눈물이 빠져나와 만들어진 호수 위에 떠 있을 뿐입니다. 아니, 앉아 있다고 할까요. 무기력과 우울에서 벗어난 그레그는 대단한 일을 하지 않습니다. 어디 먼 곳으로 떠나거나 학교나 일터에 가는 것도 아니고 병아리와 함께 물 위에서 튜브를 타고 놀고 있습니다. 아이가 하루아침에 무기력했던 마음을 떨쳐 버리고 책상 앞에 앉아 공부하거나 나가서 운동하는 일은 없을 것입니다. 얼마간의 시간이 필요합니다. 바라던 십대의 삶과 너무나 다른 현실, 자신이 살고 싶은 일상과 사회가 제시하는 일상 사이에서 흔들리고 때로는 동굴로 숨기도 하면서, 자기를 만나고 받아들일 시간이 필요한 것입니다.

그러므로 부모는 아이가 움직이고 싶은 마음이 생길 수 있도록 기다리고 도와주어야 합니다. 때로는 병아리처럼 아이 곁에 있다는 표시를 내며, 묵묵히 함께 있어 주는 겁니다. 또 기다려 주는 것에서 한 걸음 나아가, 무력감 아래 숨어 있는 상처 받은 마음을 살펴주어야 합니다. 노력해도 도무지 오르지 않는 성적으로 인한 절망인지, 관계 속에서 받은 상처인지, 가족에게 느끼는 서운함인지, 아이 안에 가득 차 있는 상처 입은 마음을 살펴봐야 할 것입니다.

그리고 무기력한 상태에서도 최소한의 생활을 챙길 수 있도록 도와야 합니다. 무기력한 마음을 언젠가 떨쳐낼 때, 일상이 모두 무너져 있지 않도록 지켜야 할 최소한의 규칙은 필요합니다.

아이의 무기력한 모습에 우리가 함께 무력해지지 않았으면 좋겠습니다. '그냥요, 몰라요, 다 귀찮아요. 제발 내버려 두세요'라는 아이의 말에도, 그림책 속 병아리처럼 콕콕 쪼아 대며 함께 있어 주는 엄마가 되어 주면 좋겠습니다.

> **엄마의 마음 노트**

**매사에 관심 없고 심드렁한 아이를 어떻게 바라보고 있나요? 그런 아이의 모습 이면에는 어떤 마음이 자리 잡고 있을까요?**

ㄴ 둘째인 딸아이는 고등학교에 입학하고 얼마 후 "학교 가기 싫어"라며 매일 노래를 불렀습니다. 처음에는 공부가 싫고 힘들어서 그러는 거라고 제 마음대로 생각했습니다. 그러나 시간이 지나도 매사에 의욕이 없는 아이를 붙잡고 이야기를 나누다 보니, 아이는 인문계의 학교 시스템이 자기에게 맞지 않다고 생각하고 있었습니다. 파티시에를 꿈꾸던 아이는 특성화 고등학교에 가고 싶었지만 담임선생님의 강력한 권유와 은근슬쩍 동조하는 제 의견을 따라 인문계에 진학했습니다. 하지만 오로지 대입을 위해서만 존재하는 학교 시스템이 자기에게는 필요 없다고 생각했습니다. 오랜 대화 끝에, 학교의 압박(?)과 상관없이 자기 나름의 학교생활을 해 나가기로 했습니다. 아이는 그 후로 야간자율학습은 하지 않고 고등학교 시절을 보냈습니다.

**스스로 무기력하다고 느껴질 때가 있나요? 그런 마음이 들 때 어떻게 하나요?**

ㄴ 아이를 키우며 종종 무력감에 빠지곤 했습니다. 엄마 노릇도 제대로 못 하고 그렇다고 '나'로 당당히 살아가는 것도 아닌 어정쩡한 내가 너무 싫어서, 그런 모습을 감추고 외면했습니다. 다행히 도서관 강좌를 들어 보겠다고 용기를 내 힘겹게 뗀 한 걸음이 저를 이곳까지 오게 했습니다. 무기력의 바다에서 스스로 벗어나고파 책을 손에 잡았고, 그 길에서 그림책을 만날 수 있었습니다. 지금도 종종 아무것도 하고 싶지 않은 마음이 들 때면 그림책 숲으로 숨어듭니다.

**사랑하는 이의 웅크린 마음 곁에서 서성이는 당신에게 《여름의 잠수》** (사라 스트리츠베리 글, 사라 룬드베리 그림, 위고)를 읽어 드리고 싶어요.

## 스마트폰 좀 그만!

"나의 유일한 놀이터예요"

윤태규 글·그림, 《소중한 하루》

사춘기 아이 부모들의 공공의 적은 무엇일까요? 아마 많은 이들이 스마트폰이라고 말할 것입니다. 요즘 아이들에겐 떼려야 뗄 수 없는 문명의 도구이지만 부모들에게는 근심거리입니다. 저를 포함한 대부분의 부모들이 스마트폰이나 컴퓨터로 게임을 하는 아이의 모습을 보며 걱정합니다. '혹시 우리 아이가 중독 아닐까? 이러다 정말 심각한 경우가 되는 건 아닐까?' 하며 걱정과 망상 사이를 오갑니다. 스마트폰 때문에 가정에서는 자식과 부모 사이에 큰소리가 오가기도 합니다. 그런데 생각해 보면 이 아이들에게 스마트폰은 태어나면서부터 곁에 있었던 생활 도구입니다. 전화하고, 검색하고, 게임하고, SNS를 하면서 숨 쉬듯 자연스레 사용하는 필수품입니다.

첫째 아이가 중학교 다닐 때 일입니다. 친구들이 집으로 놀러 왔는데, 함께 방으로 들어간 아이들이 너무 조용한 겁니다. 떠들지도, 장난치는 소리도 들리지 않고, 침묵 사이사이로 감탄사만이 오갔습니다. 간식을 준비해 방으로 들어가 보고 이유를 알게 되었습니다. 두 녀석은 컴퓨터 모니터에 매달려 있고, 두 녀석은 게임기에 시선이 꽂혀 있었습니다. 이렇듯 친구 집에 와서 각자 인터넷 게임을 하며 놀고 있는 아이들을 신기하게 한참 보았던 기억이 납니다.

아이들에게 스마트폰 세상은 가장 신나는 놀이터입니다. 아이들은 그곳에서 친구들과 함께 게임을 하며 놉니다. 이곳은 재미있고 신기한 영화관이 되기도 합니다. 내 기분에 따라 음악을 찾아 듣는 주크박스도 되고, 공통의 관심사를 가진 미지의 친구를 만나는 장이기도 하지요. 여러 가지 흥밋거리 가득한 놀이공원 같은 스마트폰을 손에서 놓으라고 하는 것은 아이들에게서 즐거움을 빼앗는 일과 같습니다. 그렇다면 아이들에게 스마트폰을 대신할 수 있는 무엇인가를 제시해야 하지 않을까요?

> 선생님, 저는 행궁동이 위험한 동네인 줄 알았어요. 그런데 프로그램에 참여해 보니 너무 재밌는 동네예요.

제가 사는 수원의 신도심지 쪽 아이들을 그림책 모임에서 만났을 때, 아이들이 들려준 이야기입니다. 아이들은 주로 쇼핑몰에서 친구들을 만난다고 했습니다. 수원화성이 있는 행궁동에 가 보고 싶었지만, 부모님들이 위험하다며 아이들끼리 가지 못하게 해서 나온 적이 없다고 합니다. 그런데 마을 프로그램에 참여해서 행궁동 거리를 다녀 보니 재미있고 신기한 것이 많고, 친절한 어르신들을 만나서 좋았다고 입을 모아 이야기했습니다. 행궁동 주민인 저는 졸지에 위험한 동네에 사는 무서운 사람이 된 것 같아 씁쓸했습니다.

버스 한 번만 타면 갈 수 있는 동네도 위험하다고 못 나가게 하면서, 부모들은 아이가 매일 스마트폰을 손에 잡고 산다고 걱정합니다. 저 역시 중학생이 된 딸아이가 친구들과 코엑스에 다녀오겠다고 해서 고민 끝에 허락은 했지만 돌아올 때까지 마음을 졸였던 때가 떠오릅니다. 자라는 아이들에게는 발을 구르고 몸을 흔들고 맘껏 소리지를 수 있는 즐거운 놀이터가 필요합니다. 흥미진진하고 심장 쫄깃해지는 모험을 즐긴 똘이와 욱이처럼 말입니다.

+ + +

《소중한 하루》의 표지에 등장하는 두 소년이 똘이와 욱이입니다. 마치 영화 속 영웅처럼 어깨에 총탄 띠를 두르고 손에도 빛나는 무기가 들려 있습니다. 자세히 보니, 손에 든 건 총이 아닌 포크, 어깨의 띠에는 총알이 아닌 미니 소시지와 숟가락이 박혀 있습니다. 앞 면지를 펼치니 꿀단지마을로 이사 간다는 만나떡볶이집 이전 표지판이 보입니다. 만나떡볶이가 정말 맛집이었나 봅니다. 동네 아이들이 다 울고 있네요. 다시는 맛있는 떡볶이를 먹을 수 없다는 생각에 모두 슬퍼합니다. 이때 "우리는 포기하지 않아!"라고 외치며 등장하는 아이들이 있습니다. 바로 오늘의 주인공 똘이와 욱이입니다. 친구들은 모두 고개를 저었지만, 두 아이는 지도를 만들고 채비를 해서 떡볶이 모험 대작전에 들어갑니다.

    친구들 앞에서 큰소리를 치고 떠났지만 1단계 장애물 앞에서 가슴이 뛰고 몸이 떨립니다. 그러나 두 아이는 서로를 의지해 '무시무시 숲'으로 몸을 던집니다. 이 숲이 사실은 동네 놀이터 한편의 풀숲이었다는 건 뒷장을 넘기면 알 수 있습니다. 마녀탕도 무시무시한 악마의 입도 사실은 동네의 미니 풀장과 도보 터널일 뿐입니다. 그렇게 위험하고 무서운 길을 무사히 지나 드디어 도착한 꿀단지 마을. 아이들은 거기서 오매불망하던 만나떡볶이집을 발견합니다. 그리고 언제나처럼 큰 목소리로 외칩니다. "아줌마, 늘 먹던 대로 주세요!" 글자들이 튀어 올라 외치는 듯합니다. 깜짝 놀란 사장님은 먹음직한 떡볶이를 한 접시 내어 주고, 아이들은 다른 때보다 더 맛있는 떡볶이를 먹습니다. 한 입 먹으면 우주로 날아갈 정도로 환상적인 떡볶이의 맛입니다.

평상시라면, 아니 엄마와 함께라면 다니지 못할 풀숲을 헤치며 아이들은 따가워 눈물을 흘립니다. 하지만 해냈다는 자부심과 성취감으로 얼굴에서 빛이 납니다. 사실 떡볶이집이 이사 간 마을은 바로 이웃 마을일 수도 있습니다. 도보 터널을 지나면 도착하는 옆 마을이지요. 그러나 위험하니까 가지 말라는 말을 늘 들었을 그림책 속 아이들에게는 우주만큼 먼 곳이었을 것입니다. 그런 말을 뒤로하고 모험을 떠났다가 무사히 마치고 돌아오는 똘이와 욱이는 더할 나위 없이 행복하고 자랑스러운 얼굴입니다.

오늘은 정말 소중한 하루였다며, 내일이 기다려진다는 똘이와 욱이를 봅니다. 저희 집 아이들이 이런 말을 한 적이 언제였는지 기억도 나지 않습니다. 오늘이 행복하고 즐거웠기에 아이들은 내일을 기다리는 것입니다. 우리 아이들은 과연 내일을 기다리고 있을까요? 아이들이 스스로 흥미를 느낄 수 있는 놀이의 장을 찾을 수 있다면 얼마나 좋을까요?

물론 그렇다 해도 아이들이 스마트폰을 손에서 놓는 일은 없을 것입니다. 컴퓨터에 빼앗긴 아이들의 놀이를 되찾기 위해 우리 가족도 보드게임 시간을 가진 적이 있습니다. 제가 목소리를 높여 반강제로 만든 시간이었습니다. 주말 오후 온 가족이 모여 보드게임을 하며 잠시라도 인터넷 세상에서 벗어나고자 야심차게 계획했지만, 결국 몇 주도 못 간 채 저의 사춘기 극복 실패담에 올라가고 말았습니다. 엄마의 강요와 협박에 마지못해 끌려 나와 억지로 하는 놀이는 당연히 재미없었을 것입니다. 뻔한 결말처럼 두 남매가 보드게임을 하다 다투기 시작하더니 결국 각자의 방으로 들어갔습니다.

사춘기 아이를 키우며 엄마들은 셀 수 없이 시행착오를 합니다. 때로는 저처럼 아무 소용없는 일도 합니다. 그러나 지나고 생각해 보면, 그런 시간을 통해 저희 아이들도 조금씩 알게 된 것 같습니다. '엄마가 이상한 일을 만들어 귀찮게 하지만, 그 모든 게 나를 사랑하기 때문이구나. 엄마가 나를 위해 애쓰고 있구나.'

사실 이 시대의 아이들은 결국 스마트폰을 갖고 생활할 수밖에 없습니다. 태어나면서부터 죽을 때까지 가족보다 더 가까운 곳에서 오랜 시간 함께하는, 몸의 일부이니 말입니다. 또한 이 아이들이 살아갈 시대에는 온라인 세상의 비중이 더 커질 것입니다. 그렇다면 무조건 규제하고 싸우는 대신 규칙을 만드는 것이 좋겠습니다. 어떤 게임을 하고 어떤 콘텐츠를 시청할지, 얼마나 오래 사용할지 등에 대해 대화하며 '슬기로운 스마트폰 생활'을 함께 만들어 보는 겁니다. 많은 전문가들은 스마트폰을 사 주기 전에 사용법을 함께 고민하고 규칙을 만들어 아이에게 스스로 사용을 자제하겠다는 약속을 받으라고 조언합니다.

> 스마트폰을 사 주되 그전에 아이로부터 스마트폰 사용에 대해 스스로 조절하겠다는 약속을 받으세요. 하루 중 언제 얼마나 할 것인지 스스로 지킬 수 있는 규칙을 정하게 하는 거죠. 여기서 부모가 할 일은 처음 얼마 동안 아이가 스마트폰 사용을 스스로 절제할 수 있을 때까지 지켜보며 도움을 주는 거예요.[✦]

---

✦ 오은영, 《내 아이가 힘겨운 부모들에게》(녹색지팡이), p. 113.

스마트폰이 필수품이 된 시대에 내 아이만 스마트폰 없이 생활할 수는 없습니다. 사 주더라도 미리 아이와 연습해 보아도 좋을 듯합니다. 자동차를 시승하듯 스마트폰도 미리 사용해 보는 것입니다. 오은영 박사의 이야기처럼, 집에 안 쓰는 구형 스마트폰이 있다면 아이 이름으로 개통해서 스스로 절제하며 사용할 수 있는 시간을 주는 것입니다. 그동안 약속을 잘 지키며 사용하고 약속한 기한이 지나면 새 핸드폰을 사 주는 겁니다.

또 중요한 것은 아이가 무슨 채널과 정보를 듣고 보는지 관심을 갖는 일입니다. 유튜브 개인 채널 중에는 때로 편향된 사고와 정보를 제공하는 것들이 있는데, 아직 가치관이 잘 세워지지 않은 아이들에게 큰 영향을 줄 수 있습니다. 그러니 즐겨 보는 인터넷 콘텐츠에 대해 함께 이야기하는 시간이 꼭 필요합니다.

저희 집 첫째의 사춘기가 막 시작될 무렵, 닌텐도 게임기가 유행이었습니다. 아무리 이야기해도 한번 손에 잡으면 멈출 줄을 모르고 게임 세상으로 빠져들곤 했습니다. 마치 요즘 아이들이 온종일 스마트폰을 들여다보듯 말입니다. 그래서 '학교에서 돌아와 숙제와 해야 할 일을 마친 후에 게임기를 쓸 수 있고, 연속해서 한 시간 이상은 할 수 없다'는 규칙을 만들었습니다. 잘 지켜졌을까요? 지키기는 했습니다. 제가 타임 키퍼가 되어 끝없이 잔소리 아닌 잔소리를 해야 했지만요. 그 후로도 종종 시간 문제로 갈등을 겪었지만, 그럭저럭 규칙을 지켰습니다. (그런데 게임기가 사라진 자리에 더 강력한 적, 컴퓨터 게임이 등장하더군요.)

여러모로 사춘기 아이 엄마의 가장 큰 덕목은 인내인 것이 분명합니다. 스마트폰뿐 아니라 아이와 생활에 필요한 규칙을 함께 만들고 지켜 나가는 과정은 긴 줄다리기의 과정입니다. 아이가 줄을 잡아당기면 때로 끌려가 주어야 합니다. 느슨해진 줄을 부모가 끌어당겨야 할 때도 있습니다. 이 줄다리기의 목적은 한쪽을 일방적으로 넘어뜨리는 것이 아니라, 적당히 밀고 당기는 가운데 일정한 거리를 유지하는 것입니다.

시험이 끝난 날이나, 아이가 해야 할 일을 성실히 마친 날에는 결과와 상관없이 슬며시 스마트폰 시간을 늘려 주기도 합니다. 반대로 시험 기간이나 약속을 지키지 않았을 때는 팽팽히 줄을 잡아당겨야 합니다. 이 모든 것은 아이를 존중하는 마음이 바탕이 되어야 하고 인격적인 합의에 따라 이루어져야 할 것입니다. 혹여 아이가 약속을 지키지 못했다고 비난하고 질책해서는 안 됩니다. 사춘기 아이들은 비난에 취약합니다. 또 성적을 보상의 도구로 삼아 협상 테이블에 올려서는 안 됩니다. 성적이 어디까지 오르면 스마트폰을 사 주겠다, 혹은 좋은 핸드폰으로 바꿔 주겠다는 식으로 하는 것은 좋지 않습니다.

사춘기 아이와 함께하는 삶은 지난한 협상과 조율의 과정입니다. 이 시간을 통해 아이는 세상을 살아가는 태도를 몸에 익힙니다. 유아기 때부터 배워 온 삶의 질서들을 조금 더 세밀하게 다듬어 자기 삶의 틀을 확립해 가는 시간입니다. 처음 하는 일이니 매사에 매끄럽지 못하고 이리저리 흔들릴 수 있습니다. 그러나 이는 아이와 부모 모두에게 중요한 시절입니다. 힘겹더라도, 아이가 스스로 삶의 경계를 세워 갈 수 있도록 부지런히 부딪히고 치열하게 조율해야 합니다.

오늘도 사춘기 아이와 씨름하고 있을 엄마들에게 똘

이와 욱이의 말을 빌려 전합니다. 아이를 위해 애쓰며 오늘을 보내는 당신의 하루가 소중하다고요. 그런 당신에게 오늘보다 더 멋진 내일이 반드시 찾아올 것이라고요.

### 엄마의 마음 노트

**당신의 아이는 스마트폰 외에 즐거운 놀잇거리가 있나요?**
ㄴ 제 아들도 스마트폰이나 컴퓨터 게임을 했지만, 꽤 오랫동안 레고와 총도 좋아했습니다. 중학생이 되어서도 윗집 꼬마와 레고와 총을 갖고 노는 모양을 보며 놀리곤 했던 기억이 납니다.

**당신은 잠시 엄마라는 옷을 벗고 혼자 놀 수 있는 놀이터가 있나요?**
ㄴ 제 놀이터는 수원화성길입니다. 언제든 찾아가 걸을 수 있는 아름다운 길입니다. 그 길에 서면 시끄럽던 마음과 생각이 차분해집니다. 시간이 잠시 멈춘 듯한 풍경 속에서 자박자박 걷는 이 길이 바로 저만의 즐거운 놀이터입니다.

**아이와 오늘이라는 놀이터에서 신나는 하루를 보내길 바라는 당신에게 《세상의 끝을 찾아서》**(다비드 칼리 글, 마리아 데크 그림)**를 읽어 드리고 싶어요.**

# 넌 꿈이 뭐니?

"위인전 속 이야기일 뿐이에요"

찰스 키핑 글·그림, 《길거리 가수 새미》

건물주요. 아빠가 더 열심히 일해야 해요.

진로 수업에서 만난 중학생 아이가 들려준 대답입니다. 자신의 꿈과 그 꿈을 이루기 위해 지금 해야 할 일에 대해 이야기 나누고 있었는데, 한창 발표하는 친구들 사이로 한 남자아이가 웃으며 한 말이었지요. 자신의 장래 희망은 건물주이고, 그 꿈을 위해 아빠가 더 열심히 일해 건물을 물려주어야 한답니다. 모두 한바탕 웃었지만, 마냥 웃어넘길 수만은 없습니다. 많은 아이가 돈 많은 백수, 건물주, 유명 유튜버를 꿈꾸고 있으니까요. 그러나 더 많은 아이들은 이렇게 대답합니다. 꿈이 없다고, 아니 꿈의 'ㄲ'자도 듣기 싫다고 말입니다. 왜 꿈은 아이들에게 듣기 싫은 말이 되었을까요?

명절마다 우리가 아이들에게 하는 질문을 생각해 볼까요? 초등학생에게는 "너 꿈이 뭐니?" 중학생에게는 "공부 잘하니?" 고등학생에게는 "어느 대학 갈 거니?" 대학교에 가면 취업과 결혼에 대한 질문이, 그러고 나면 자식은 언제 낳을 거냐는 질문이 이어질 것입니다. 이 질문들만 봐도 어른들이 생각하는 꿈은 공부, 대학, 직장으로 이어지는 과정이라고 아이들은 생각하지 않을까요? 대부분의 학교에서는 진로와 진학을 함께 지도합니다. 꿈이란 그러니까 진학과 취업의 과정인 것입니다.

이러니 아이들은 자신의 꿈을 솔직히 말할 수 없습니다. 더 어렸을 때는 꿈이 뭐냐고 묻는 말에 앞다투어 답했습니다. 의사, 축구선수, 패션 디자이너, 교사, 경찰 등 정말 다양한 꿈을 말하죠. 하지만 청소년이 되어서는 자신의 꿈이 결국 성적으로 정해진다는 현실을 마주합니다. 지금의 성적으로는 이루고 싶은 꿈을 이야기할 수 없는 것입니다. 자기 성적을 잘 아는 아이들은 점점 꿈을 잃어 갑니다. 어느새 꿈은 교과서 속 위인들의 이야기가 되어 버렸습니다.

꿈의 사전적 의미는 네 가지입니다. 첫째, 잠자는 동안 일어나는 심리적인 현상. 둘째, 실현하고픈 이상이나 야망. 셋째, 실현 가능성이 작거나 전무한 허무한 기대. 마지막으로, 현실을 떠난 듯한 즐거운 상태나 분위기를 비유적으로 이르는 말.

우리 아이들의 사춘기가 이 네 가지 뜻을 다 포함하는 꿈을 꾸는 시간으로 채워지면 좋겠습니다. 잘 땐 푹 자면서 기분 좋은 꿈을 꿀 수 있는 시간, 때로는 십대의 치기로 높은 이상을 품고 도전해 보는 시간, 성적은 잠시 잊고 즐거운 꿈을 흠뻑 꾸고 맛보는 시간이 되면 좋겠습니다. 설령 그 꿈이 점점 현실과 타협하고 변해 갈지라도 마음껏 자신의 꿈을 꿔 본 친구들은 현실에서도 길을 찾아 나갈 수 있을 것입니다.

그러나 아쉽게도 우리 아이들에게 이런 시간이 허락되지 않습니다. 저 역시 그런 상황과 사회적 분위기 속에서 십대 시절을 보냈습니다. 중학교와 고등학교, 대학교에 차례로 진학해서 사회적으로 인정받는 직업을 갖는 것이 꿈의 공식처럼 인정되는 학창 시절을 보냈습니다. 야간 자율학습과 0교시 보충수업으로 그 시간을 빼곡히 채웠죠. 그때나 지금이나 하나도 변한 것이 없는 환경 속에 떠밀리는 아이들을 보며 왠지 억울하고 화가 납니다. 고유한 꿈과 재능을 탐색하고 경험하는 시간을 만들어 주고 싶지만, 사회가 만들어 놓은 벽은 더 견고하고 높아진 듯합니다. 그러나 손 놓고 있을 수만은 없습니다. 세상이 제시하는 기준과 틀을 따르기보다 더 나은 대안을 고민하고 찾아가고 싶습니다. 이런 우리에게 '꿈은 명사가 아닌 동사, 직업이 아닌 내가 살고 싶은 삶의 방향'임을 보여 주는 그림책이 있습니다.

✦ ✦ ✦

찰스 키핑이 그리고 쓴 《길거리 가수 새미》의 표지에는 등에 큰북과 심벌즈를 메고, 허리춤에는 나팔을 달고,

© 사계절, 2005

손으로 아코디언을 연주하는 남자가 등장합니다. 이 남자를 소개하는 도입부의 내용은 다음과 같습니다.

> 그 도시에는 변두리로 돌아 나가는 찻길이 있고, 찻길 아래에 지하도가 있습니다. 이 지하도를 지나노라면 거의 하루도 빠짐없이 혼자 춤추고 노래하는 길거리 가수 새미 스트리트싱어를 만나게 됩니다. 새미는 지금 아주 행복하답니다. 한때 인기 스타가 되려고 이곳을 떠났던 시절이 있었기 때문이지요. 그게 어찌 된 일이냐면….

길거리 가수 새미는 찻길 아래 지하도를 오가는 인정 많은 사람들에게 동전을 얻으며 살고 있습니다. 동네 꼬마들과 개들도 새미를 따라다니지요. 그렇게 매일 즐겁게 노래하며 살 수 있는 여기가 새미에게는 천국이나 다름없는 곳입니다. 그런데 새미에게 또 다른 천국을 보여 주겠다는 사람들이 찾아옵니다.

먼저, 친구처럼 다정하게 찾아온 서커스 단장 이보르입니다. 그는 성공할 수 있다는 달콤한 말로 새미의 마음에 파장을 일으킵니다. 결국 새미는 자신의 무대였던 지하도와 친구들을 등지고 서커스단을 따라나섭니다. 그곳에서 새미를 기다린 것은 어릿광대짓을 하며 무대에 서는 일이었습니다. 무대에서 우스꽝스러운 몸짓으로 바닥에 곤두박질치고 물벼락을 맞던 새미는, 문득 자신의 꿈이 무너졌음을 알게 되었습니다. 여기서 전에 노래하던 거리로 돌아가면 좋았겠지만, 새미에게 더 큰 유혹이 다가옵니다. 비참해 하는 새미에게 빅놉이라는 흥행꾼이 와서는 진짜 가수로 만들어 주겠다며, 인기와 부와 모든 성공을 약속하지요. 새미는 이내 더 큰 성공과 행복을 좇아 빅놉을 따라갑니다.

새미의 이야기가 꼭 예술가들의 이야기로만 들리지 않습니다. 저 역시 한 번씩 찾아오는 이보르와 빅놉의 존재에 흔들리는 엄마였습니다. 제 둘째 아이는 어릴 적부터 파티시에가 되는 것이 꿈이었습니다. 자신의 공간에서 맛있는 디저트를 만들고, 도움이 필요한 누군가에게 손 내밀어 주는 사람이 되고 싶다고요. 하지만 저는 아이가 말하는 행복을 온전히 믿어 주지 못했습니다. 제과제빵 특성화고에 진학한다고 할 때도 인문계로 방향을 돌렸고, 인문계로 가서도 고교 위탁과정을 선택하겠다는 아이를 대학에서 전공하면 된다는 말로 몰아붙였습니다.

말로는 자기만의 행복과 성공을 찾아 남과 비교하지 않고 살면 된다고 하면서, 이왕이면 사회가 인정하는 성공을 추구하고 최소한 대학에는 가야 한다는 엄마였습니다. 아이는 이런 제 생각 때문에 전문대학에 들어갈 정도의 성적만 유지하며 고등학교를 졸업했고, 수시 합격한 곳 중 원하는 학교에 입학했습니다. 그때 저는 입시라는 마라톤을 무사히 완주했다고 생각했습니다. 엄마로서 최소한의 책임을 완수한 듯했고, 모두 대학에 가는 시대에 최소한 전문대라도 보냈다는 안도감도 있었습니다.

하지만 코로나 팬데믹이 시작되던 해에 입학한 아이는, 캠퍼스에 발도 들여놓지 못하고 비대면 수업을 한 달 정도 하더니 돌연 자퇴를 선언했습니다. 중고등학교 때 아이의 길을 막았던 저는 이번에도 자퇴를 휴학으로 바꾸려 애를 썼습니다. 빅놀처럼 대학이 너를 더 큰 성공과 행복의 길로 안내할 거라는 감언이설과 협박을 섞어 가며 말입니다. 그러나 이제 딸은 더 이상 품 안의 자식이 아니었습니다. 지난한 신경전을 벌인 끝에 아이는 결국 6월에 자퇴를 했습니다. 그 후로 아이는 자퇴할 때 약속한 대로 부모에게 경제적으로 도움을 받지 않습니다. 내일배움제도를 통해 자격증 과정을 이수하고, 카페 설거지 아르바이트부터 시작해 지금은 크로플 카페에서 아르바이트를 합니다. 어릴 적부터 바라 왔던 자신만의 꿈의 길을 즐겁게 걸어가고 있습니다.

새미는 빅놉이 가져다준 화려한 성공을 누리며 처음에는 꽤 행복하고 만족스러운 삶을 살았습니다. 그러나 점점 사람들이 자기 노래를 듣고 행복해 하는 것이 아니라 그저 공연 자체에 열광한다는 사실을 알게 됩니다. 그리고 어느새 카메라 앞에서 립싱크를 하고 있는 자신의 모습을 발견하고, 대중적 인기가 시들해지는 자신을 대체할 새로운 가수를 기획하고 있는 빅놉을 보게 됩니다. 그런 새미는 사라지는 행복을 잡기 위해 마지막 몸부림을 칩니다. 전 재산을 털어 우주 영화를 만들고 결국은 쫄딱 망합니다. 한 번도 만들어 본 적 없는 영화라니, 독자도 결과를 예상할 수 있는 선택입니다. 남들이 말하는 행복과 성공을 좇아가다 보니, 새미는 어느새 자신이 어떤 사람인지를 잊어버린 것입니다. 부와 명예, 가장 화려한 성공의 자리에서 내려온 새미는 이제 깨닫습니다. 자신은 변함없이 혼자서도 노래하고 춤출 수 있는 길거리 가수라는 사실을 말입니다.

새미는 다시 지하도로 돌아옵니다. 그러나 그는 예전의 새미가 아닙니다. 새미는 이제 자신이 어디서 무엇을 할 때 가장 행복한 사람인지, 자신이 진정으로 바라는 성공이 어떤 것인지를 잘 알고 있습니다. 마지막 장면에서 아이들과 활짝 웃으며 노래하는 새미가 저를 향해 당신이 바라는 성공과 행복은 무엇이냐고 묻는 듯합니다.

우리는 아이의 삶에 행복한 날들이 가득하길 바랍니다. 아이와 함께하는 삶에는 여러 갈래의 선택지가 놓여 있습니다. 때로는 세상의 기준에 맞추어 손을 잡아끌기도 하고 때로는 자신만의 길을 찾아가도록 격려하기도 합니다. 완벽한 정답은 없고, 아이와 함께 서로를 존중하며 찾아가는 길입니다. 숱한 선택의 갈림길에서 때로 새미처럼 그리고 저처럼 실패도 하겠지만 괜찮습니다. 그 지점에서 다시 길을 찾아 나서면 됩니다. 이제는 저도 스물이 된 아이들의 선택을 제 기준으로 바꾸려 하지 않습니다. 어떤 선택을 하든, 때로는 제가 보기에 조금 돌아가는 길일지라도 아이의 선택을 존중하려 노력합니다. 적어도 새미 곁에 있던 이보르와 빅놉 같은 엄마는 되지 않으려 합니다.

새미가 자신의 목소리로 노래할 때 가장 행복한 사람이었듯, 내 아이를 진정으로 행복하게 하는 것이 좋은 대학과 직장이 아님을 이제는 압니다. 아이들은 우리보다 훨씬 용감하고, 자기 삶을 누구보다 진지하게 바라봅니다. 더 이상 세상의 잣대에 이 아이들의 행복과 성공이 저당 잡히지 않도록, 틀을 조금씩 흔들고 무너뜨리는 용감한 엄마가 되고 싶습니다.

#### 엄마의 마음 노트

**당신은 아이가 바라고 꿈꾸는 삶에 대해 알고 있나요?**

ㄴ 둘째와 달리 첫째 아이는 꿈도, 되고 싶은 것도 없는 사춘기를 보냈고, 성적에 맞게 진학한 학교의 무난한 과에서 대학 생활을 하고 있습니다. 하고 싶은 것이 없다고 문제 될 것은 없습니다. 아이는 장학금을 받으며 대학 생활을 충실히 해 나가고 있고, 자신의 속도에 맞게 자신의 길을 찾아 나갈 것입니다.

**당신은 품고 있는 꿈이 있나요? 그 꿈을 위해 오늘 할 수 있는 일은 무엇인가요?**

ㄴ 저는 읽고 쓰며 함께 이야기 나누는 공간, 여성들이 잠시 쉬어 갈 수 있는 공간을 꿈꿉니다. 그곳에 모인 여성들이 상처를 스스로 치유하고, 자신 안에 반짝이는 재능과 꿈을 발견해 변화를 위한 걸음을 떼며, 나아가 자기 삶의 주인공이 될 수 있도록 응원하는 공간지기가 되고 싶습니다. 마흔부터 가진 꿈이니 오래된 바람이지요. 오늘도 그 꿈을 위해 열심히 나의 길을 걸어갑니다.

꿈꾸는 삶의 길을 찾아 힘내어 걷고픈 당신에게 《비에도 지지 않고》 (미야자와 겐지 글, 유노키 사미로 그림, 여유당)를 읽어 드리고 싶어요.

# 3부

## 내 아이의 가족생활

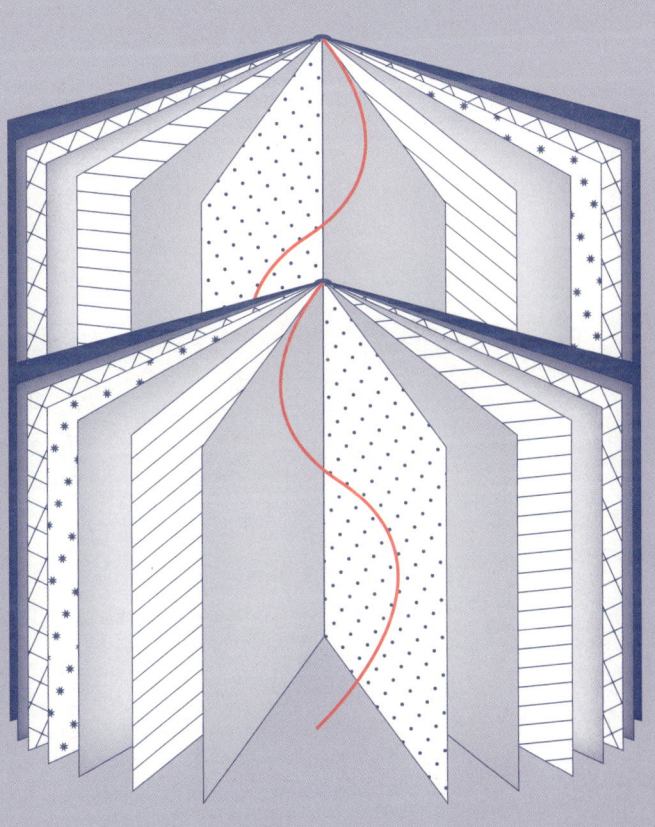

## 당신 탓이에요

"나를 위해서라도 싸우지 마세요"

키티 크라우더 글·그림, 《나의 왕국》

"엄마, 아빠랑 싸워?"

"싸우긴. 대화 중이잖아."

"대화가 아닌데? 엄마 목소리가 벌써 변했잖아!"

남편과 대화하다 감정이 좀 격해지는 듯하면 영락없이 딸아이가 잔소리를 합니다. 싸움이 아니라고 우기지만, 사실 싸움이지요. 감정 섞인 말이 오가고, 타협보다는 비난 일색이니 말입니다.

부부가 갈등 없이 지내면 정말 좋겠지만, 그러기엔 너무나 다른 두 사람입니다. 또한 부부를 둘러싼 원가족과의 관계도 중요한 갈등 요인입니다. 거기다 아이가 사춘기가 되는 즈음에는 새로운 갈등이 생깁니다. 2020년 통계청 자료를 보면 우리나라 40대 부부의 갈등 원인은 1위가 경제적 문제(9.8%)이고 그다음이 자녀 교육(6.2%)입니다. 이렇듯 부부가 함께 살며 갈등이 있는 것은 당연하고, 저희 부부도 끝없이 다투고 화해하며 스물 몇 해를 살아오고 있습니다.

> "여보, 첫째 데리고 수학 공부라도 시켜요!"
> "제가 할 의지가 있어야 하는 거지. 모르는 게 있으면 스스로 끝까지 파고들어야 하는데 귀찮아하잖아요. 내가 알려 주면 성질만 내고."
> "그래도 좀 붙잡고 친절하게 알려 주면 되잖아요."
> "어차피 공부는 혼자 하는 거예요!"
> "당신 공부할 때하고 같아요? 이제는 혼자 따라갈 수 없어요. 당신이 안 시킬 거면 학원이라도 보내 주든가!"

그다음 어떤 대화가 오갈지 상상이 되시지요? 사춘기

아이가 본격적으로 숫자가 쓰인 성적표를 받아 오면 부부 간에 자녀 교육 문제로 마찰이 일어납니다. 어디 그뿐인가요. 아빠에게 데면데면한 아이가 갑자기 못마땅해, 아빠가 엄마에게 한 소리 합니다. 안 그래도 사춘기 아이 때문에 마음이 너덜너덜해진 엄마는 주말에 겨우 아이를 상대하면서 꼭 한마디 남기는 남편이 아이보다 더 밉습니다. 심지어 아이가 사춘기인지도 모른 채 바쁘게 지내는 아빠들도 있습니다. 힘든 시기에 남편을 좋은 친구이자 협력자로 대해야 한다는 걸 잘 알지만, 이 또한 마음대로 되지 않습니다. 아이의 모난 부분이 죄다 남편을 닮아 보이는 마법까지 일어나, 그야말로 마음이 사면초가입니다. 힘에 부쳐서 남편에게 도움을 구하고 싶지만, 잘 소통하지 못해 갈등이 생기기도 합니다.

아이들은 이런 부모의 모습이 싫다고 합니다. 우리 부부도 종종 아이들 문제로 이야기하다 목소리가 높아지면 첫째 아이가 조용히 이야기합니다.

엄마 아빠, 날 위한다면 싸우지나 마세요.

우리가 언제 싸웠냐며 애써 아닌 척했지만, 얼굴이 붉어지는 것은 어쩔 수 없었습니다. 아이를 위한다고 하면서, 아이들이 제일 싫어하고 불안해하는 갈등 상황을 보여 주다니. 아무리 생각해도 우스운 모습입니다.

"선생님, 우리 엄마 아빠는 만날 싸워요." 지역 아동 센터에서 만난 지민이[+]가 늘 하는 말이었습니다. 지민이가 그림책에 기대어 들려준 이야기는, 엄마 아빠가 자기들 때문에 싸우는 것이 싫다는 외침이었습니다. 엄마는 지민이의 동생이 좀 크자 어린이집에 맡기고 일하기 시작했다고 합니다. 그런데 무슨 이유인지 엄마가 일을 시작하며 자꾸 아빠와 싸웁니다. 지민이는 엄마가 일을 안 할 때가 좋았는데, 엄마는 아이들을 영어 학원이며 피아노 학원에 보내려면 일해야 한다고 합니다. 자기는 영어 학원 다니기 싫은데, 엄마는 일하면서 자꾸 아빠랑 싸운다고 목소리를 높이던 지민이의 모습이 가끔 기억납니다.

---

[+] 이 책에 언급된 아이들의 이름은 모두 가명입니다.

✦ ✦ ✦

 여기 지민이처럼 외치는 한 소녀가 있습니다. 《나의 왕국》이라는 가지런한 제목 아래, 왕관을 쓴 소녀가 왕관 쓴 동물들과 함께 웃고 있습니다. 이야기는 언덕 꼭대기 집에 사는 소녀가 동물 친구들과 차를 마시며 시작됩니다. 이 소녀에게는 두 이웃이 있습니다. 왼쪽에 사는 도미니크 여왕은 심술궂고 변덕이 아주 심하고, 오른쪽에 사는 패트릭 왕은 거칠고 화를 잘 냅니다. 그들의 커다란 초상화만 봐도 충분히 짐작이 가네요. 문제는 두 왕이 이 소녀의 작은 집을 사이에 두고 늘 싸운다는 것입니다. 이웃을 바꾸면 좋겠지만 그럴 수도 없습니다. 그들의 왕국은 소녀의 왕국이 있는 언덕보다 훨씬 높은 언덕에 있습니다. 그래서인지 두 왕들에게 저 아래 무서움에 떠는 소녀의 모습은 보이지 않습니다.

 날마다 살벌한 무기가 날아다니며 전쟁이 벌어지는 와중에, 소녀의 집에 동물 친구들이 간식을 먹으러 모입니다. 작은 개 도크가 말합니다. "둘 다 죽어 버렸으면 좋겠어!" 이 말에 가슴이 철렁 내려앉습니다. 사춘기 아이들 중에도 이런 말을 속으로 내뱉는 친구들이 있을 테니까요.

한창 친구들과 티타임을 갖고 있는 소녀의 집에 누군가 찾아왔습니다. 바로 이웃의 도미니크 여왕입니다. 미안하다며 패트릭 왕과 싸울 때 폭탄처럼 던지는 케이크를 건넵니다. 자기 잘못이 아닌 패트릭 왕의 잘못이라는 말과 함께 말이죠. 그때 약속이나 한 듯 패트릭 왕이 찾아와 예쁜 꽃을 건넵니다. 역시 싸워서 미안하다는 말과 함께입니다. 소녀의 집에서 마주친 두 사람은 또다시 다투기 시작합니다. 언제나처럼 서로에게 물건을 집어 던지고 몸싸움까지 합니다. 이 모습을 보고 얼어붙은 소녀에게 도크가 다가와 이야기합니다. 그만하라고 말하라고, 둘 다 밖으로 던져 버리라고. 자신은 힘없는 작은 아이라며 주저하는 소녀를 친구들이 도와줍니다. 소녀는 두 사람에게 하고 싶었던 말을 있는 힘을 다해 외칩니다.

그만해!

Mon Royaume by Kitty Crowther ©1994, l'école des loisirs

이 책에서 소녀와 함께하는 동물 친구들은 소녀 내면의 목소리이고, 이웃 여왕과 왕은 소녀의 부모라는 것을 알 수 있습니다. 아이를 가운데 두고 대립하는 모습, 그 원인을 상대방에게 돌리는 것까지 우리 모습과 닮았습니다. 소녀는 이제 당당하게 자신의 목소리로, 싸움을 그치라고 요구합니다. 계속 싸우면 집을 나가 버리겠다는 협박까지 하면서요.

그런데 집을 나가겠다던 소녀가 말을 바꿉니다. 자기는 집이 좋기 때문에 떠나고 싶지 않다고 말입니다. 이 말을 듣고 왕과 여왕은 엉망진창이 된 집을 치우기 시작합니다. 집이 좋다는 소녀의 말이 마음에 작은 파동을 일으켰을 것입니다. 집과 부모님이 세상에서 제일 좋은 아이들이, 우리 함께 웃으며 정답게 살아가자고 말하는 것 같습니다. 그렇게 되기까지는 아마 시간이 좀 걸릴 겁니다. 도미니크 여왕과 패트릭 왕도 오랫동안 어질러진 방을 치워야 했으니까요.

그리고 소녀는 말합니다. "두 분은 두 분만 생각해요!" 제발 엄마 아빠 두 사람만의 이야기를 나누고, 서로만 생각하라고 말입니다. 도미니크 여왕의 손에 들려 있던 케이크와 패트릭 왕이 가져온 꽃다발은 아마 오래전 두 사람이 서로에게 건네던 선물이었을 것입니다. 도미니크 여왕은 달콤한 케이크를 구워 패트릭 왕을 기다렸을 것입니다. 패트릭 왕은 도미니크 여왕에게 줄 꽃다발을 가져왔을 것입니다. 이 대목에서 서로에게 마음을 건네는 두 사람의 모습을 상상해 봅니다. 그러나 세월이 흐르고 아이가 생기고, 어느새 케이크도 꽃다발도 사라졌습니다. 각자의 사랑은 아이에게만 향합니다. 그러나 아이는 두 사람만 생각하라고 외칩니다.

또 하나 눈여겨볼 부분은, 그림책 속 가족 구성원이 각자의 왕국을 갖고 있다는 점입니다. 우리의 가족도 그래야 합니다. 아이들도 가족의 한 구성원이자 인격체로 존중할 대상이며, 우리는 아이를 위한다는 명목으로 상처를 주어서는 안 됩니다. 두 왕의 싸움도 어쩌면 아이를 잘 양육하고 싶은 마음에서 시작했을지도 모릅니다. 더 좋은 방법을 찾다 서로 감정이 상하고, 감정이 쌓여 상대를 힐난하는 지경에 이른 것이지요. 하지만 그 안에서 다치는 것은 힘없는 아이들입니다.

아내와 남편은 긴밀한 관계를 맺는 동시에 각자의 영역을 소유한 독립적 존재여야 합니다. 그림책의 마지막 장면에는, 매일 싸우던 두 왕이 이제는 소녀의 왕국을 종종 찾아가 함께 시간을 보내는 모습이 그려집니다. 함께 있지만 동시에 서로의 시간과 장소, 각자의 왕국을 존중하는 가족의 모습입니다.

한 가족이 이런 모습이 되기까지는 긴 대화의 과정이 필요합니다. 사춘기 부모가 해야 할 일은 자녀 교육에 대한 가치관을 설정하고 한 방향으로 아이를 인도해 주는 것입니다. 물론 하루아침에 교육관이 일치하는 일이 일어나지는 않습니다. 서로 자라 온 환경이 다르기 때문입니다. 아이가 어릴 적에는 별 문제가 없다가, 본격적으로 학업에 집중해야 하는 청소년기가 되어 교육관이 충돌할 수 있습니다. 처음에는 아이의 학업과 관련해서 서로 다른 목소리가 나올 수 있습니다. 갈등을 피하지 말고, 서로 솔직하게 이야기를 나눠야 합니다.

때로 언쟁이 오갈 수 있겠지만 부부간 언쟁은 아이가

없는 장소에서 해야 합니다. 아이의 왕국을 지켜 주기 위해 반드시 주의해야 할 점입니다. 혹시 아이 앞에서 다투었다면 문제를 해결했다는 것을 아이에게 알려 주어야 합니다. 부모의 다툼이 자칫 자신 때문이라 생각할 수 있는 아이들에게, 누구의 탓이 아니라 함께 살아가면서 겪는 자연스러운 과정임을 알려 주는 것입니다.

저희 부부도 정말 많은 논쟁과 다툼의 시간을 보냈습니다. 지금도 그렇습니다. 다만 처음에는 감정적인 말만 오갔던 대화가 이제는 합의점을 찾기 위한 대화로 조금씩 변해 가고 있습니다. 아마 함께 사는 동안에는 이 과정이 계속될 것입니다. 부부로 함께 산다는 것은 숱한 선택의 기로에 서게 되는 일이기 때문입니다. 그 선택 앞에서 우리는 여전히 논쟁과 다툼 사이에서 줄타기를 하며 대화를 이어 갈 것입니다.

### 엄마의 마음 노트

**자녀 문제로 부부가 언쟁을 벌인 적이 있나요? 그때 아이의 반응은 어땠나요?**

ㄴ 저희 부부는 아이의 공부 문제, 생활 습관 등으로 다툰 적이 셀 수 없이 많습니다. 저는 남편이 조금 더 적극적으로 아이를 이끌어 주길 원했고, 남편은 스스로 하는 것을 강조했습니다. 이런 저희를 보며 아이들은 자기가 알아서 한다며 우리를 멋쩍게 하곤 했습니다.

**당신 부부의 교육관은 한 곳을 바라보고 있나요? 부부가 자녀 교육에서 중요하게 여기는 것은 무엇인가요?**

ㄴ 늘 내일을 바라보는 여자인 저와 오늘만 사는 남자인 남편은 교육관도 차이가 큽니다. 남편은 학업뿐 아니라 모든 생활에서 자율성을 강조했고, 저는 어느 정도 부모가 이끌고 가야 한다고 생각했습니다. 좁혀지지 않는 틈이 있지만 서로의 왕국을 존중하면서 우리가 함께 찾은 가치관 중 하나는, 아이들이 오늘의 행복을 감사하며 누리는 삶이 중요하다는 것입니다.

**남편과 속도와 방향을 맞추어 걸어갈 당신에게 《두 사람》(이보나 흐미엘레프스카 글·그림, 사계절)을 읽어 드리고 싶어요.**

# 남매인 듯 남인 듯

"현실 남매라니까요"

샬롯 졸로토 글, 사카이 고마코 그림, 《언니와 동생》

저는 제 아이들이 옛이야기 주인공들처럼 '의좋은 형제'가 되길 바랐습니다. 하지만 실상은, 의좋은 형제가 아니라 흥부와 놀부입니다. 그것도 흥부는 없고 놀부만 두 명이네요. 왜 이리들 싸우는지, 똑같이 사랑을 주는데도 서로 자기가 적게 받았다고, 유행가 가사처럼 자기만 바라보라며 아우성을 칩니다. 가만히 생각해 보니, 아무래도 오래전 제게 내려진 주문 탓 같습니다. 어릴 적 저희 남매가 싸울 때마다 어머니가 하신 말씀입니다. "이다음에 꼭 너희 같은 애들 키워 봐라!" 동생은 결혼을 안 했으니 이 주문이 제게 두 배로 걸린 게 분명합니다. 동생에게 샘을 덜

내고 잘 돌봐 줄 수 있는 가장 좋은 터울이 3년이라고 해서 내심 기대했는데, 아이들은 눈만 뜨면 싸웠습니다.

　동생이 생기는 일은 아이에게 인생 최대의 위기입니다. 엄마도 이를 잘 알기에 큰아이가 서운한 마음이 들지 않도록 더 노력합니다. 그러나 동시에 모두를 만족시킬 수는 없습니다. 아이들이 어릴 때는, 엄마의 사랑을 더 차지하려는 다툼을 수습하기가 비교적 쉽습니다. 한 아이씩 따로 함께하는 시간을 만들기도 하고, 동기간에 지켜야 할 규칙을 정합니다. 다툼이 생기면 이유를 들어 보고 해결 방법을 제시하거나 중재해 줍니다. 어릴 때는 아이들도 엄마의 중재를 수용하는 편입니다.

　그런데 중재자의 역할이 소용없는 때가 옵니다. 관계가 맑았다 흐렸다 하는 것이 아니라, 늘 안개가 드리워지는 시절이 된 것입니다. 사이가 좋았던 형제자매들도 사춘기가 되면 대부분 서로를 남 보듯 합니다. 마치 안개 속에서 서로가 잘 보이지 않는다는 듯이 말입니다. 함께 떠들고 웃던 아이들이 서로를 한 집에 사는 성가신 하숙생 정도로 여기기도 합니다. 다툼이 생겨도 이제 엄마의 중재는 힘이 없습니다.

"야, 무식하게 그것도 모르냐. 맨날 아이돌 노래만 듣지 말고 책 좀 읽어라!"
"그래 잘났다. 책 많이 읽어서 좋겠네. 근데 책만 많이 읽으면 뭐 하냐. 얼굴은 꽝인데."
"뭐, 너 말 다 했어?"
"다 했다면 어쩔 건데?"

둘째 아이가 제게 모르는 단어를 물어봤는데, 그걸 듣고 있던 첫째 아이가 던진 말이 도화선이 되어 전쟁이 시작됩니다. 문제는 이 다툼이 점점 감정적으로 격화되는 것입니다. 가뜩이나 시험 기간이라 예민한 둘째를 첫째가 건드렸고, 한창 외모가 고민이던 첫째의 아킬레스건을 둘째가 건드렸습니다. 싸움은 파국으로 치달을 수밖에 없습니다. 그리고 사춘기 때 남매의 대립은 자칫 성별 간 대립으로 이어지기도 합니다. 그러니 일단 열을 식힐 시간이 필요합니다. 이런 상황에서 부모의 중재는 별 소용이 없고,

잠시 떼어놓는 것이 상책입니다.

이 시기에는 부모가 아무리 공정한 태도로 개입해도 아이들은 그렇게 느끼지 않습니다. 감정을 스스로도 조절하기 힘들어서 옆에서 하는 모든 말이 잔소리로 들리기 때문입니다. 설령 자기 잘못으로 생긴 다툼일지라도 그렇습니다. 브레이크가 잘 안 듣는 청소년기의 아이들은 순간의 감정을 연료 삼아 후진 없이 내달릴 때가 있습니다. 이런 때는 잠시 떨어져 각자 감정과 생각을 정리할 시간이 필요합니다.

+ + +

그림책 《언니와 동생》 표지에는 비눗방울을 불며 함께 서 있는 평화로운 자매의 모습이 그려져 있습니다. 속표지를 보니 언니가 동생의 머리를 빗겨 주기도 하네요. 우리 집에서 이런 모습을 볼 수 있다면 얼마나 좋을까 생각하며 한 장을 넘깁니다. 언니는 동생을 살뜰히 살핍니다. 줄넘기하다가도 동생을 살피고, 그네도 밀어 주고, 손을 꼭 잡고 함께 등교합니다. 모르는 게 하나도 없는 고마운 언니 덕분에 동생은 무엇이든 한결 수월합니다. 그런데 마냥 좋을 것 같았던 언니의 보살핌이 조금 싫어집니다. 딱히 이유가 있는 것도 아닌데, 그냥 혼자 있고 싶고, 언니 말이 듣기 싫습니다. 동생은 슬며시 옆으로 물러납니다.

동생은 길을 따라 걷다가 풀밭으로 들어가 들국화와 풀잎 사이에 쏙 숨어 버립니다. 사이좋은 자매의 관계에 변화가 생긴 것입니다. 그런데 이 변화는 누구의 잘못 때문이 아닙니다. 그저 그동안 언니랑 함께한 일상을 벗어나서 혼자 있고 싶은 때가 된 것입니다. 동생은 자신만의 세상으로 숨어듭니다. 비록 풀잎에 종아리가 쓸려도, 혼자 있는 시간이 참 좋습니다. 가만히 들국화와 벌을 바라보는 동생의 얼굴에 미소가 그려져 있네요.

그렇게 한참 홀로 있던 동생은 언니가 우는 소리에 몸을 움직입니다. 동생을 찾지 못한 언니가 울기 시작한 것입니다. 언제나 똑 소리 나고 완벽한 언니가 털썩 땅에 주저앉아 있습니다. 동생은 슬며시 언니에게 다가갑니다. 내가 울 때 눈물을 닦아 주고 코를 풀게 해 주던 언니인데, 우는 언니 곁에는 아무도 없습니다. 동생은 언니가 했던 것처럼 코를 닦아 줍니다. 이제 한 쪽이 보살피는 일방적인 관계가 아닌 서로 돌봐 주는 동등한 관계가 된 것입니다. 이제 언니가 동생을 이끌고 가는 것이 아니라, 둘이 손을 잡고 발을 맞추어 나란히 걷습니다.

사춘기 시절의 형제자매 관계가 이런 모습일 것입니다. 동생이 풀숲에서 혼자 시간을 보냈듯이 각자의 시간을 보내는 때입니다. 자기만의 세상에서 그 무엇도 아닌 오직 '나'에 관한 생각에 몰두하며 시간을 보냅니다. 자연히 서로가 눈에 들어오지 않겠지요. 아니, 가족 구성원 모두가 나에게 말을 걸지 않기를 바랄 것입니다. 그러니 아이들이 서로 데면데면하고 소원해 보이는 모습은 사실 큰 문제가 아닙니다. 당분간은 사이좋은 관계의 환상을 벗어 버려도 괜찮습니다.

저희 집 남매는 이십대가 되어도 그야말로 현실 남매입니다. 서로에게 별로 관심이 없고, 그저 한집에 사는 식구일 뿐입니다. 그런데 이런 아이들이 남매임을 확실하게 알게 해 준 사건이 있습니다. 첫째가 입대하던 날 고등학생이던 딸아이는 함께 간다고 집을 나섰습니다. 그저 학교 하루 빠지고 싶어서겠지 생각했던 제가 무안할 정도로, 아이는 부대로 들어가는 오빠를 보고 울었습니다. 콘서트장에서 갈고닦은 솜씨로, 잔뜩 긴장해 앞만 보고 행진하는 오빠의 이름을 부르며 "우리 여기 있다"며 소리를 지르는 모습은 상상치도 못한 광경이었습니다. 아들 녀석도 휴가 때마다 피엑스에서 동생이 좋아하는 초콜릿을 잔뜩 사 왔습니다. 그 모습을 본 후로는 아이들이 싸워도 크게 마음을 쓰지 않습니다. 남처럼 대해도 서로를 향한 마음이 있다는 걸 알기 때문입니다.

좀 싸워도, 서로를 남처럼 대해도 괜찮습니다. 그래도 형제자매입니다. 다만, 아이의 마음에 부모가 미처 알지 못하는 억울함이 남아 있는지 살펴봐야 합니다. 아이들의 서먹한 관계가 사춘기 시절의 자연스러운 모습인지, 마음 깊은 곳에 상처가 남아 있는 탓인지 잘 들여다보아야 할 것입니다. 엄마와 형제자매는 어쩔 수 없는 삼각관계입니다. 엄마를 두고 아이들은 끊임없이 경쟁하고, 엄마의 의도치 않은 태도도 편애로 느껴질 수 있습니다.

어떤 내면의 이유로 우리는 자기도 모르는 사이에 편애 아닌 편애를 하고 있을 수도 있습니다. 저는 2남매 중 첫째로 태어났고, 앞에서도 이야기했듯 동생과 많이 다투며 자랐습니다. 동생이 고집이 셌기 때문에 주로 참는 쪽이었습니다. 물론 주로 동생이 혼나기는 했지만, 반항하는 동생을 보며 차라리 내가 참는 쪽을 선택하곤 했습니다. 그때의 기억 때문에 저는 아이를 양육하면서 두 아이가 다투면 둘째를 더 혼내는 엄마였습니다.

그때는 이것이 어릴 적 경험 때문이라는 생각을 하지 못했습니다. 분명 둘째가 오빠에게 대드는 상황으로 보였으니 올바르게 중재한 것이라 생각했지요. 하지만 둘째였던 남편은 같은 상황에서 첫째를 훈계하곤 했습니다. 차마 그 앞에서 무슨 말을 하지는 못했지만, 보는 내내 불편한 마음이 들었습니다. 그러나 곧 우리 부부는 각자 못난 마음을 인정해야 했습니다. 어릴 적 동기 관계에서 마음에 쌓인 앙금이 아이들을 양육하는 데 영향을 미치고 있다는 사실을 말입니다.

아이에게 편애의 상처가 있는지 어떻게 알 수 있을까

요? 물어보면 됩니다. 아이들은 사뭇 진지하고 솔직하게, 객관적으로 답을 들려줍니다. 아이의 대답에 서운할 수 있고 해명하고 싶을 수도 있지만, 깔끔하게 인정하고 사과하는 것이 좋습니다. 자신은 비록 편애하지 않았을지라도 아이가 그렇게 느꼈다면, 사과하고 이유를 들어 보면서 대화를 이어 갈 기회를 얻을 수 있습니다. 저도 아이들에게 물어본 적이 있는데, 예상과 달리 둘째가 아닌 첫째가 아주 오래전 기억까지 꺼내어 억울했다고 말하는 통해 당황했던 기억이 있습니다. 저는 첫째를 더 위했다고 생각하고, 둘째에게 사과할 준비를 하고 대화를 시작했는데 말입니다. 그러니 아이들의 마음은 직접 물어보는 것이 가장 정확합니다.

사춘기 시절 형제자매는 '따로'의 시간을 보냅니다. 그 시간이 지나고 나면 '같이'의 시간이 찾아올 것입니다. 그러니 너무 고민할 필요 없습니다. 현실 남매의 정석을 보여 주는 그룹 악동뮤지션을 보며, 우리 아이들도 각자 독립적이면서 때로 함께하는 힘을 보여 주는 '따로 또 같이'의 관계가 되기를 바랍니다.

**엄마의 마음 노트**

**당신의 자녀들의 관계는 그림책 속 자매의 어떤 모습과 닮았나요?**
ㄴ 저희 집 아이들은 여전히 각자의 시간을 보냅니다. 그러다 서로 필요할 때는 나란히 걷는 모습을 보여 주기도 하지요. 남인 듯 남매인 듯, 다투고도 아무 일 없다는 듯 무심하게 다시 서로를 부르는 사이입니다.

**당신은 형제자매와 어떤 관계이고, 그들을 대하는 마음은 어떤가요?**
ㄴ 저는 치열하게 싸우던 남동생과 오래된 친구처럼 지내고 있습니다. 아주 살갑지도 않고, 그렇다고 무심하지도 않은 그런 관계입니다. 비혼을 선택한 동생에게 누나라는 이름으로 말을 보태지 않습니다. 장애인 인권 활동가로 살아가는 동생의 삶을 묵묵히 응원합니다. 동생이 선택한 인생이기 때문입니다.

**아이들과의 소란한 일상에서 잠시 멀어지고픈 당신에게 《나의 오두막》**(로이크 프루아사르 글·그림, 봄볕)을 읽어 드리고 싶어요.

# 우린 가족이니까

"친절하게 말해 주세요"

윌리엄 스타이그 글·그림, 《부루퉁한 스핑키》

나 잘되길 바란 건 알고 있죠.
날 사랑하는 것도.
사진 속 엄마의 모습처럼
이쁘게 말해 주세요.
날 위해 그런 걸 안다지만,
사랑해 그런 걸 안다지만,
오늘도 엄마 잔소리
날 위해 하는 소리
사랑해 하는 소리.

2018년 여름, 초등학교 5-6학년 아이들과 만든 노래의 한 소절입니다. 아이들은 《불곰에게 잡혀간 우리 아빠》를 읽고, 그림책 속 주인공처럼 엄마의 젊은 시절 사진을 보며 하고 싶은 이야기를 글로 썼습니다. 아이들은 사진 속 엄마가 신기하고 이상하기도 하고, "왠지 그때의 우리 엄마는 친절한 목소리로 말할 것 같다"고 했습니다. 엄마인 저도 많은 생각이 들었던 시간이었습니다.

아이들은 엄마가 친절하고 다정하게 말해 주면 좋겠다고 말합니다. 물론 엄마가 자기를 사랑해서 하는 말이란 걸 알고 있습니다. 그럼에도 틈만 나면 힘이 들어간 목소리로 "공부했어?" "숙제했어?" 하고 묻는 대신, 친구와 웃음기 가득한 목소리로 전화 통화를 할 때처럼 자기에게도 즐거운 이야기를 해 주기를 바랍니다.

사춘기 아이들은 동전의 양면 같습니다. 가족조차 자기에게서 관심을 거두어 주기를 바라지만, 한편으로는 존재를 인정받고 싶고 사랑받고 있음을 확인하고 싶어 합니다. 그런데 엄마는 자기 모습을 인정하기보다 고치려고만 합니다. 부족한 부분만 보고, 어쩌다 해 주는 칭찬도 앞으로 더 잘하라는 독려일 때가 많습니다. 그래서 자꾸 엄마와의 대화를 피하고 구석으로 들어 갑니다. 엄마는 말이 안 통하는 상대가 되고, 엄마의 말이 한 귀로 들어와 다른 귀로 나가는 지경에 이릅니다.

그래서 책과 강의에서 배운 대로 사춘기 아이와의 대화법 제1계명, 공감의 대화를 시작해 봅니다. "그랬구나. 많이 힘들었구나." 그런데 돌아오는 대답은 "엄마, 나 놀려?"입니다. 아이는 말문을 닫고 방문까지 닫아 버립니다. 아니, 명령한 것도 아니고 다짜고짜 해결책을 제시한 것도 아닌데 무엇이 문제라는 걸까요? 정말 엄마 노릇을 그만하고 싶은 마음이 수시로 올라옵니다. 그런데 잠시 생각해 보면, 이 대화는 제가 남편과 나누는 대화와 묘하게 닮았습니다.

어느 날 아이들과 씨름하다, 문득 사라져 버린 나 자신이 눈에 밟혔습니다. 온종일 불편한 감정에 부대끼다, 집에 돌아온 남편에게 살짝 마음을 털어놓았습니다. 지금 이대로의 내 모습도 충분히 의미 있고 아름답다는 말이 조금이나마 듣고 싶었던 것 같습니다. 그런데 남편은 그날도 여지없이 현실적인 방안을 제시하기 바쁘더군요. 도무지 좁힐 수 없는 간극임을 깨닫고, 아예 정답을 알려 주었습니다. 이런 기분을 이야기하면 그냥 '오늘도 고생했구나. 정말 수고했어. 고맙고 미안해'라고 말하면 된다고요. 그랬더니 남편은 이 말을 고스란히 그대로 읊었고, 저는 남편이 한심해서 이렇게 소리쳤습니다. "진심을 좀 담으라고!" 코미디도 이런 코미디가 없습니다. 그런데 이 모습이, 아이를 대하는 바로 나 자신의 모습이었던 것입니다.

+ + +

아이들이 좋아하는 작가 윌리엄 스타이그의 《부루퉁한 스핑키》에는, 가족이지만 다른 사람에게 하듯 예의를 갖추고 대화 상대로 봐 달라는 아이들의 목소리가 담겨 있습니다.

어느 날 스핑키가 잔뜩 화가 난 모습으로 집 밖으로 나옵니다. "우리 식구는 아무것도 몰라! 말로는 날 사랑한다고 하면서, 순 엉터리라고. 엄마도 마찬가지야!" 그런

© 비룡소, 1995

데 이런 스핑키를 대하는 가족들의 태도 때문에 화는 더 맹렬히 타오릅니다. 먼저 누나가 다가옵니다. 누나는 스핑키를 대장님이라 부르며 사과합니다. 스핑키 말대로, 이름을 가지고 놀릴 때는 언제고 말입니다. 토라진 아이 대하듯 대장님이라 부르며 무조건 잘못했다고 말하는 누나의 태도는, '그랬구나'를 외치는 제 모습과 겹쳐 보였습니다. 어린 동생을 달래는 듯한 누나의 사과를 스핑키는 받아들이지 않습니다.

다음으로 형이 슬금슬금 다가옵니다. 대화를 시도하는 것도 아니고 괜스레 등을 꾹꾹 찔러 댑니다. 그리고 스핑키가 말한 도시 이름이 맞았다고 말합니다. 형의 사과 역시 스핑키에게는 진심이 아니었나 봅니다. 잔디밭에 누워 있던 스핑키는 이제 나무 위로 올라갑니다. 엄마도 아빠도 각자의 방법으로 스핑키에게 다가갑니다. 하지만 엄마의 뽀뽀도 아빠의 무관심 작전도 통하지 않습니다.

그림책을 읽으며 마음에 박히는 장면들이 있었습니다. 집 앞으로 행진하는 서커스를 보라는 엄마의 말에 스핑키는 다시 화가 납니다. 자기 마음은 엉망인데 정작 원인을 제공한 식구들은 벌써 잊어버린 것 같으니까요. 가족들에게는 이름으로 장난을 치거나 틀리게 말한 도시 이름을 무시하는 것이 사소한 일이지만, 스핑키에게는 마음을 휘저어 놓은 일입니다. 이제 사춘기가 시작된 스핑키는 아마도 이름에 콤플렉스가 생겼을지도 모릅니다. "내가 제일 싫어하는 스컹크"라고 부르는 누나가 그래서 더 미울 것입니다. 그런데 누나는 그런 마음도 모르고 대장님이라며 아이 취급을 하죠. 형은 스핑키의 지식을 인정해 주지 않습니다. 스핑키의 말은 무조건 틀렸다고 하는, 자기를 못 믿는 형으로 느껴질 수밖에요. 혹시 우리 역시 사춘기 아이들의 마음을 이렇게 휘젓고 있지는 않을까요? 다 너를 위해서라고, 너는 아직 모르는 것이 많은 어린아이라고 하면서 말입니다.

그래도 이 가족은 끝까지 스핑키를 놓지 않습니다. 스핑키가 가장 좋아하는 할머니도 오시고, 집에 안 들어오는 스핑키가 잔디밭에서 안전하게 있을 수 있도록 살펴 주기도 합니다. 모두가 집으로 들어가자 스핑키는 고민하기 시작합니다. 어떻게 하면 화를 풀면서도 우스운 꼴이 되지 않을까? 그리고 결국 온 가족이 즐거워하는 모습으로 무사히 '컴백홈'을 합니다. 그런 스핑키를 가족들이 더 세심하게 배려해 주었고, 하지만 그 상태가 그리 오래가지 못할 거라는 대목까지, 사춘기 아이가 있는 여느 집의 모습과 많이 닮았습니다.

이 책에는 화가 난 스핑키를 향해 아빠가 긴 설교를 늘어놓는 장면이 있습니다. 그 장면에서 작가는 스핑키의 아빠와 독자들을 향해 말합니다. 사실 스핑키는 아주 정상적인 보통 아이라고요. 나의 인내심을 시험하는 우리 아이가 여느 아이들과 다를 바 없이 아주 건강하고 정상적으로 자라고 있다는 사실을 이 그림책은 보여 줍니다. 그리고 중요한 사실 하나가 더 있습니다. 식구들이 마냥 어리게 본 스핑키도 자신만의 생각과 감정이 있는 고유한 '사람'이라는 것입니다.

사춘기 아이들은 자라는 과정에 있지만 독립된 인격체입니다. 당연히 자신만의 생각과 감정이 있습니다. 설령 부모가 도무지 이해할 수 없는 모습일지라도 거기에는 이유가 있습니다. 그러므로 드러나는 행동 너머의 생각과 감정을 대화로 만나야 합니다. 십대 아이들은 그저 어르고 달래는 방법이 통하지 않습니다. 마음을 살피지 않은 채 무조건 사과하고 수용한다는 식의 화법도 마찬가지입니다.

그렇다면 어떻게 대화를 이어 가야 할까요? 스핑키의 가족처럼 일방적인 대화가 아닌, 서로 눈을 맞추고 존중하는 대화를 어떻게 할 수 있을까요? 우리는 이미 좋은 대화의 정석을 잘 알고 있습니다. 좋은 대화는 충고, 조언, 평가, 비난이 아닌 공감과 이해를 바탕으로 한 대화, '너'가 아닌 '나'를 주어로 하는 대화입니다. 우리가 타인과 어떤 대화를 원하는지를 생각해 보면 됩니다.

좀 더 구체적으로, 오은영 박사의 사춘기 대화법 5가지를 적용해 봅시다. 첫째, 대화 중 한계 상황이 오면 3분만 기다려 줍니다. 이럴 때는 잠시 거리를 두고 감정을 식힐 필요가 있습니다. 둘째, 아이와 약속했다면 끝까지 믿어 주어야 합니다. 셋째, 아이의 장점을 쥐어짜내서라도 칭찬하고 인정해 주어야 합니다. 자신이 세상을 살 만한 가치가 있는 존재임을 알 수 있도록 말입니다. 넷째, 아이의 이야기를 먼저 듣고 나중에 말합니다. 마지막으로, 사춘기 아이들과는 비판이나 지적보다는 아이의 의견을 묻는 질문이나 제안하는 대화를 해야 합니다.[+]

먼저, 아이에게 '너를 도우려 한다'는 메시지로 대화를 시작해 보면 어떨까요? 지적과 잔소리가 아닌, 상대를 도와주고 싶다는 마음을 전달하는 것이 대화의 시작입니다. 그리고 큰 주제보다는, 세분화한 내용으로 대화를 이어 갑니다. '너 이렇게 계속 살 거야? 뭐가 문제야?'가 아니라, 가령 방 청소 같은 구체적인 문제에 집중하는 것입니다. 너무 가까이 다가가지 말고, 모든 걸 알고 싶다는 듯 자꾸 질문하지 말고, 심리적으로 거리를 유지해야 합니다. 이왕이면 다정하고 상냥한 목소리면 좋겠습니다. 물론, 아이와 대화하는 시간이 자신에게 좋은 시간이어야 목소리에도 다정함이 묻어나겠지요.

부모가 무조건 답을 제시하는 것은 좋지 않습니다. 아

---

[+] 〈요즘 육아-금쪽같은 내새끼〉(채널A), 2021년 7월 16일 방영분.

이들은 자신의 감정을 말로 표현하지 못할 때도 있으니 충분히 시간을 주고 기다려야 합니다. 아이가 속마음을 이야기하면, 조심스레 질문해 봅니다. 엄마 아빠가 도울 수 있는 부분이 있는지, 이 상황에서 어떻게 하고 싶은지, 의견을 물으며 대화를 이어 가면 됩니다.

이런 태도로 대화를 잘하면 좋겠지만, 대부분 쉽지 않습니다. 저도 숱한 실패의 시간을 보냈습니다. 한 번씩 감정이 폭발해 그간의 노력이 헛수고가 되기도 했지요. 그러면 아들 녀석은 "엄마, 그냥 하던 대로 하세요. 참았다 한꺼번에 화내지 마시고요"라며 저를 좌절시킵니다. 어쩌면 당연한 일입니다. 엄마가 상냥한 목소리와 인자한 미소를 장착해 대화를 시도할 때 아이들이 이야기를 술술 풀어 놓으면 좋겠지만, 스핑키처럼 시간이 오래 걸릴 수 있습니다. 대화하자는 엄마가 마냥 귀찮을 수도 있습니다. 그런 반응과 침묵에 맘이 상할 필요는 없습니다. 어차피 사춘기는 침묵의 계절이기도 하니까요.

스핑키를 오래 기다려 준 가족처럼 우리도 그렇게 하면 됩니다. 아이가 이야기하기를 기다리고, 또 그 이야기에 담긴 마음을 온전히 공감해 주면서 함께 길을 찾아가면 됩니다. 아이보다 앞서지 않는 태도를 지키면서 말입니다.

---

**엄마의 마음 노트**

**당신은 아이와 대화가 통하는 사이입니까? 대화의 소재는 주로 무엇인가요?**

ㄴ 딸아이가 중학생이 되면서 저는 잠자리 그림책 읽기를 시도했습니다. 하지만 몇 주 하고 그만두었습니다. 아이는 최대한 글이 없는 그림책만 들고 왔습니다. 빨리 읽고 엄마가 방에서 나가길 바라는 간절한 눈빛과 함께 말이죠. 잠들기 전 짧게라도 도란도란 이야기꽃을 피우고 싶다는 제 바람은 힘없이 사라졌습니다. 대신 그 후로는 아이가 아이돌 이야기를 할 때 열심히 들어 주었습니다. 매번 들어도 기억하지 못하는 팀명과 노래 가사였지만 아이와 이야기 나눌 시간을 놓치지 않도록 말입니다. 저는 아이돌 이름을 꽤 알고 있는 엄마가 되었고, 그 덕분인지 지금은 친

구처럼 함께 카페에 가고 전시회를 보러 다니는 모녀 사이입니다.

**당신은 마음을 있는 그대로 나눌 대상이 있나요?**
ㄴ 아이들이 성장하고 조금씩 부모 품을 떠나면서 다시 나를 돌아볼 시간이 왔습니다. 나를 찾아가는 길을 응원하고 함께 걸어갈 친구들도 때에 맞게 찾아왔습니다. 그림책 인연들, 그리고 시절마다 찾아오는 인연들, 그들 덕분에 오늘도 '내' 꿈과 마음을 나누며 따로 또 같이 걸어갑니다.

**문득·내 아이와 소통의 부재를 느끼는 당신에게 《이파라파 냐무냐무》**(이지은 글·그림, 사계절)를 읽어 드리고 싶어요.

# 라떼는 말이야

"옛날 이야기 싫어요"

파얌 에브라히미 글, 레자 달반드 그림, 《진정한 챔피언》

'라떼는 말이야!'는 기성세대가 과거 시절인 '나 때'를 자꾸 말하는 것을 비꼬는 표현입니다. 윗사람의 이야기를 듣고 나서 '오늘은 라떼를 열 잔이나 마셨다'는 식의 농담을 하기도 하지요. 부모들로서는 참 씁쓸한 말입니다. 하지만 우리 또한 연장자들에게 이런 마음이 들 때가 있는 것도 사실 아닌가요? 삶에 필요한 기술이 속속 자동화 시스템으로 대체되는 요즘, 더 이상 윗세대가 다음 세대에게 전수할 지식이 없다는 이야기도 들려옵니다. 요즘 아이들은 궁금한 것이나 문제가 생기면 '유 선생'(유튜브)에게 달려갑니다.

요즘 아이들의 생활을 보면 부모인 우리 때와는 전혀 다른 모습입니다. 인터넷 세상에서 정말 많은 시간을 보내고, 놀이도 공부도 컴퓨터로 합니다. 경제적으로도 풍족한 시대임이 분명합니다. 구민회관에서 아이들과 함께하는 그림책 토론 모임이 끝나면 제가 마지막으로 하는 일이 강의실을 한 바퀴 도는 일입니다. 바닥이며 책상 위에 놓여 있는 지우개와 연필이 얼마나 많은지 모릅니다. 수업을 마치고 돌아간 아이들은 두고 간 것을 찾을 생각을 하지 않습니다. 집에 흔하게 굴러다니는 물건이라 잃어버린 줄도 모르고 지나가는 거죠. 이런 아이들에게 물건을 아껴 쓰라는 말이 귀에 들어올 리가 없습니다. 연필과 지우개가 귀했던 '옛날 이야기'를 도무지 믿기 힘든 시절입니다.

부모 세대와도 이렇게 차이가 나니, 조부모와는 더합니다. 어릴 때는 뭐든지 해 주던 할아버지 할머니가 어느 순간부터 자꾸 잔소리를 하십니다. 조부모님들도 아이가 마냥 어리광만 피우는 모습으로 보이니 걱정스레 한마디 하시는 것입니다. 하지만 아이는 반응이 없습니다. 더구나 요즘은 황혼육아에 뛰어든 조부모도 많아서, 자칫 손주와 조부모의 갈등이 삼대의 갈등으로 번지기도 합니다.

"선생님, 저는 할머니 집에 가기 싫어요."《오른발, 왼발》이라는 그림책을 함께 읽고 할아버지 할머니에 대한 이야기가 무르익을 무렵 영은이가 대뜸 한 말입니다. 할아버지와 바닷가에 가서 낚시하고 야구도 보고, 할머니와 찜질방에 간다는 등 저마다 재미있는 이야기로 떠들썩하던 교실이 영은이의 말에 조용해졌습니다. 영은이는 할머니가 오빠와 자기를 차별한다고 합니다. 오빠에게는 '우리 집 장손'이라며 용돈도 더 많이 주고, 음식도 오빠가 좋아하는 것만 하신다고 얘기하는 영은이의 얼굴이 슬퍼 보였습니다. 아이는 차별 없는 세상에 대해 배우는데 정작 자신의 조부모님에게는 차별 대우를 받는 겁니다. 여자로 태어난 것이 왜 차별의 조건이 되는지 도무지 이해할 수 없는 영은이는, 할머니를 이해하지 못한 만큼 미움이 커집니다.

저희 아이들도 조부모님 댁에 갈 때마다 으레 각오를 하고 내려갑니다. 침대에 누워 있는 아이들을 보면 할아버지는 말씀하십니다. "나가서 마당이라도 쓸어라. 그래서야 먹고살겠니?" 핸드폰을 보고 있으면 질문 세례가 쏟아집니다. "핸드폰만 들여다보면 뭐가 나오니? 너 공부는 잘하니?" 보다 못한 남편은 어머니께 조심스레 부탁을 드렸습니다. 그런 말씀이 아이들에게는 잔소리일 뿐이고, 당신들이 자녀를 키울 때와는 지금의 아이들 상황이 많이 달라졌다고요. 처음에는 아무런 효력이 없었지만, 차츰 적당한 경계를 만들 수 있었습니다.

우리 부모님 세대는 그야말로 "새벽종이 울렸네. 새 아침이 밝았네. 너도 나도 일어나 새마을을 가꾸세"라는 노래 가사처럼 삶을 일구어 왔습니다. 그러니 요즘 아이들이 나약하고 게으르게 보일 수밖에요.

✦ ✦ ✦

《진정한 챔피언》의 주인공 압틴은 몰레스키 집안에서 태어난 아이입니다. 몰레스키 집안은 많은 스포츠 챔피언을 배출했습니다. 그러니 온 식구가 집안 전통에 따라 압틴에게도 챔피언의 길을 요구합니다. 압틴의 아버지는

ⓒ《진정한 챔피언》, 모래알(키다리)

아들에게 조기 교육을 하며 늘 이야기합니다. 너는 다른 무엇도 아닌 집안의 자부심이 되어야 한다고, 진정한 챔피언이 되어야 한다고 말입니다. 압틴은 먹고 자고 꿈꾸는 모든 일들을 가족의 전통에 따라야 한다고 요구 받습니다.

우리 아이들도 압틴처럼 '우리 집안사람은 이래야 한다'는 요구를 느끼고 있을지도 모를 일입니다. '네 아버지도 작은아버지들도 공부 잘했으니 너도 잘해야지!' '엄마랑 이모들 닮았으면 야무지겠지.' 명절에 만나는 친척들이 가볍게 던지는 말이 아이들에게는 무거운 돌덩이가 되어 마음속에 가라앉습니다. 몸집 큰 집안 어른들에게 둘러싸여 작아진 압틴처럼 말입니다. 압틴은 아버지와 집안사람들과는 다른 성향의 아이입니다. 운동보다는 그림을, 강함보다는 부드러움을, 경쟁보다는 함께 행복하게 사는 삶을 꿈꿉니다. 그는 고민하기 시작하고, 자신과 가족 모두가 행복해지는 방법을 생각합니다. 그리고 자기가 잘하는 일을 온 힘 다해 시작합니다.

그림책 속 압틴의 바람처럼 압틴의 가족이 행복해졌는지는 잘 모르겠습니다. 마지막 장을 보면 그렇게 되지 못한 것 같아 무거운 마음으로 책장을 덮습니다. 여전히 평행선을 달릴 것 같은 압틴과 그의 가족의 모습이 그려집니다.

이 책을 가지고 중학생 아이들을 만났습니다. 압틴의 아빠에게 하고 싶은 이야기를 포스트잇에 적어 아빠의 몸에다 붙여 보기로 했습니다.

"그러지 마세요. 자식은 부모의 장난감 인형이 아니에요."
"자식의 꿈을 응원하고 믿어 주면 좋겠어요."
"자신과 압틴을 똑같이 키우려고 하지 마세요."
"애한테 할 말과 해서는 안 될 말을 구분하세요."

또 군포의 작은 도서관에서 만난 초등학교 4학년 친구가 압틴의 아빠에게 남긴 조금 긴 글이 제 마음에 남아 있습니다.

"압틴은 몰레스키 집안사람들과 달라요. 모든 사람이 다 똑같지 않잖아요? 같은 집안이어도 말이에요. 몰레스키 집안사람들은 모두 챔피언이 되었지만 압틴도 챔피언이 되라는 법은 없잖아요. 꿈은 강요하는 게 아니에요. 좋아하고 잘하는 걸 찾을 수 있게 도와주는 게 부모의 역할이에요. 압틴은 운동과 맞지 않아요. 덩치도 작고, 운동도 좋아하지 않는 거 아시면서 왜 계속 시키고 강요하는 거죠? 압틴은 그림 그리는 걸 좋아해요. 아시잖아요? 좋아하는 걸 잘하게 도와주시는 게 좋지 않을까요?"

아이들이 쓴 한마디 한마디가 부모인 우리에게 하는 말 같습니다. 막 태어나 요람에 누워 있는 압틴을 집안사람들이 한참 바라봅니다. 저마다 자신의 운동 기구와 챔피언 메달을 들고 아이에게 말을 하고 있습니다. 활을 든 친척은 양궁선수가 되라고 했겠지요. 축구공을 든 친척은 축구가 얼마나 멋진 운동이고 왜 축구를 해야 하는지 한참 이야기했을 것입니다. 모두가 자신이 이룬 성공을 아이에게 제시합니다. 단순히 집안의 명예만을 위해서는 아닐 것입니다. 이미 모두가 성공한 길이니 압틴에게도 좋은 길일 거라고 생각했을 것입니다. 어쩌면 그것은 실제로 압틴이

고생을 덜 할 수 있는 길일지도 모릅니다. 그럼에도 이 모든 것보다 더 우선으로 살펴봐야 하는 것은 압틴의 마음입니다. 압틴이 진정 행복할 수 있는 일이 우선이라는, 우리 아이들도 아는 가장 기본적이고 중요한 것을 집안사람들은 인정하지 못했습니다.

어른들은 자신이 살아온 삶을 기준으로 아이들을 가르치려 합니다. 그러나 우리가 살아온 시대와 아이들이 살아갈 시대는 여러모로 다를 것입니다. 그러니 '나 때는'을 얘기하지 말고, 아이가 전혀 다른 시대, 다른 환경에 놓인 존재임을 받아들여야 합니다. 우리 아이들은 부모가 만든 아름다운 세상에서 공부만 하는 존재가 아닙니다. 의식주의 측면에서 더 좋은 환경일지 모르겠지만, 이 아이들은 나면서부터 무한 경쟁의 시스템 속에서 살아갑니다. 본인의 의사와 상관없이 그 레이스에 뛰어든 아이들은 오늘도 챔피언이 되어야 한다는 어른들의 말에 마음에 상처를 입으며 살아갑니다.

자신은 압틴의 아빠 같은 부모가 아니라고 자신 있게 말할 수 있는 사람이 몇이나 될까요? 아침에 눈을 떠서 잠

자리에 들 때까지 우리는 아이들에게 어떤 말을 하고 있나요? 아이들의 입장에서 이 시대와 사회를 바라보는 부모가 되면 좋겠습니다. 우리와는 다른 세상을 살아갈 아이를 자기 눈으로 재단하지 말고, 아이들을 있는 그대로 바라보면 좋겠습니다.

---

### 엄마의 마음 노트

**아이에게서 세대 차이를 실감할 때는 언제인가요?**
ㄴ 저는 디지털 기기 사용에서 가장 큰 세대 차이를 느낍니다. 아이의 모든 생활은 스마트폰에서 이루어지는 것 같습니다. 저는 아무리 설명을 들어도 잘 알 수 없는 세상이에요.

**당신은 압틴의 아빠같이 아이의 삶에 구체적으로 개입하는 엄마인가요?**
ㄴ 저도 압틴의 아빠 같은 엄마였습니다. 학교에서 돌아온 아이들에게 해야 할 스케줄을 읊어 대고, 선행

을 외치는 엄마였지요. 그러나 이 모든 것을 멈춘 날이 있습니다. 지금도 가슴이 아픈 세월호 사건입니다. 어른으로서 무능한 나의 모습을 바라본 그날. 내가 아이들에게 하는 말이 정말 아이들 인생에 기준이 될 만한지 의문을 품었던 그날 이후로, 아이 삶의 방향키를 조금씩 내려놓는 엄마로 살아가려 노력하고 있습니다.

**다시 아이와 함께 걷는 그날을 기다리는 당신에게 《어떤 약속》(마리 도를레앙 글·그림, 재능교육)을 읽어 드리고 싶어요.**

# 4부

# 내 아이의 학교생활

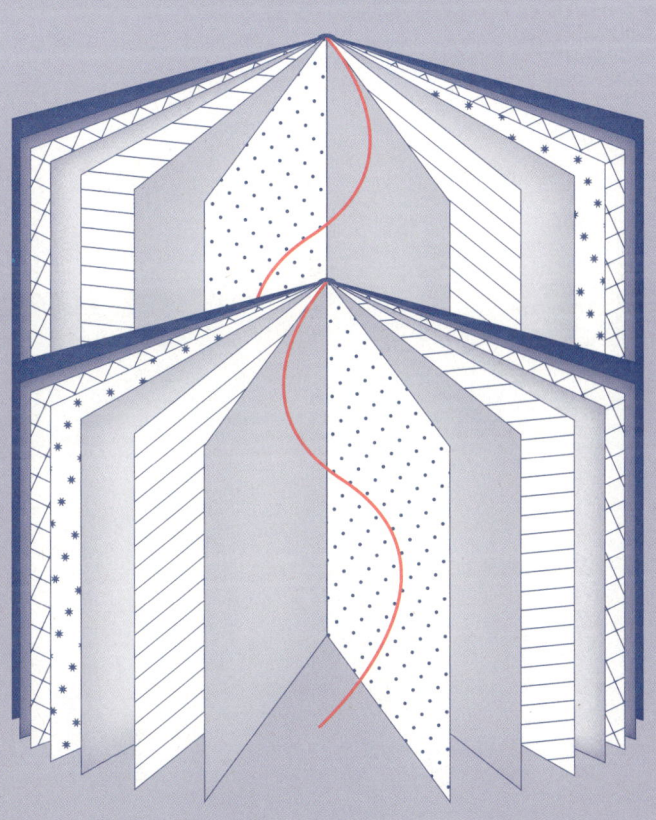

# 성적이 왜 이러니
"나도 공부 잘하고 싶어요"

구스노키 시게노리 글, 이시이 기요타카 그림, 《내가 잘하는 건 뭘까》

"요즘 힘든 고민이나 걱정거리가 있나요?"
"공부요."
"성적이요."
"학원이요."

어느 화창한 봄날, 남양주에서 중학생 아이들을 만났습니다. 5교시의 졸음과 싸우는 아이들에게 요즘 걱정거리가 무엇인지 물어보았습니다. 그중 유난히 큰 목소리로 '공부'라고 답하는 친구가 있었습니다. 그 친구의 대답에 아이들은 까르르 웃음을 터트렸습니다. 그 이유는, 그 친구가 공부를 그다지 잘하는 편이 아니었기 때문입니다. 한마디로 '네가 공부 걱정을?'이라는 반응이지요. 많은 이들이 공부 안 하는 아이들은 성적에 관심이 없을 것이라고, 그러니까 공부를 못하는 것이라고 생각합니다. 그런데 제가 만난 아이들은 대부분 공부와 성적 걱정을 합니다. 이것은 성적이 낮은 학생도 마찬가지이며, 그것도 아주 많이 고민합니다.

사실, 공부라는 것은 우리가 건강한 인격체로 성장해 좋은 삶을 살기 위해 다양한 학문과 기술을 배우고 익히는 일입니다. 그러나 학교에서는 아이들이 습득한 지식의 양을 평가해 수치로 나타낸 결과, 즉 성적만을 중요시합니다. 이렇게 성적표의 숫자로 존재가 평가되는 세상에서, 너무나 많은 아이들이 좌절하고 힘들어 합니다. 상급 학교로 올라갈수록 좋은 성적을 내기가 힘들고, 아이들은 점점 작아지는 자신을 마주합니다. 사춘기를 겪어 내는 것만으로 버거운 아이들에게 성적이라는 또 다른 무거운 짐이 지워집니다.

이렇게 힘겨운데, 부모에게는 아직도 세상에서 가장

멋진 아들딸입니다. 자꾸만 '너는 할 수 있다'고 합니다. 때로는 행복이 성적순이라는 무언의 협박도 합니다. 이런 가치관을 주입 받으며 아이는 불안해집니다. '성적이 안 좋으면 나는 잘 살 수 없구나.' '공부 못하는 나는 실패한 사람이구나.' 불안과 협박에 못 이겨 학원으로 향하지만, 학원에서도 아이들은 여지없이 성적으로 평가됩니다. 어디서도 인정받지 못하고 아이들은 점점 웃음을 잃어 갑니다. 김현수 선생님은 이런 아이들의 마음에 대해 다음과 같이 이야기합니다.

> 잘하는 아이와 못하는 아이를 끊임없이 솎아 내는 세상에서, 못하는 아이들은 쉽게 조롱의 대상이 됩니다. 그리고 많은 아이가 직접적, 간접적으로 이런 조롱을 경험하고 있습니다. 결국 아이들이 성장하면서 가장 많이 느끼고 싸워야 하는 감정은 수치심이 됩니다.[+]

---

[+] 《중2병의 비밀》, p. 242.

말로는 세상에서 하나밖에 없는 특별한 존재라고 하지만, 아이들을 바라보는 어른들의 시선은 천편일률적인 잣대에 고정되어 있습니다. 우리 아이들 한 명 한 명이 모두 특별한 존재라면, 아이 각자에게 맞는 특별한 기준으로 바라보아야 하지 않을까요? 모든 아이를 성적표의 숫자로 평가할 것이 아니라, 아이가 지닌 특별한 그 무엇을 발견해야 하지 않을까요?

학교에서 이것이 불가능하다면, 부모들이 해 주어야 합니다. 부모가 원하는 바를 내려놓고, 이 아이가 어떤 사람인지를 들여다보아야 합니다. 당신의 아이는 정말 공부를 하고 싶어 하는 아이인가요, 아니면 다른 재능을 가진 아이인가요? 이런 질문을 해야 아이의 진짜 재능이 보이기 시작합니다. 간혹 정말 공부를 잘하고 싶어 하는 아이들을 만납니다. 공부를 잘하고 싶어 노력하는데도 성적이 오르지 않아 힘들어 하는 아이들이 있습니다. 이런 친구들에게는 공부가 인생의 전부가 아니라는 말보다는, 노력한 만큼 성적이 오를 수 있도록 실질적인 방법을 제시하며 도와주어야 합니다.

✦ ✦ ✦

《내가 잘하는 건 뭘까》의 표지를 보니, 책상에 앉아 있는 아이 눈에 눈물이 고여 있습니다. 하얀 종이 위에 '내가 잘하는 것'이라는 글과 '소타'라는 이름이 쓰여 있는 것을 보면 수업 시간인 듯합니다. 소타는 왜 울고 있는 걸까요?

소타는 가장 잘하는 것 한 가지를 적어 보라는 선생님의 말씀에 한참 생각 중입니다. 사춘기 아이였다면 벌써 '모름'이라 쓰고 엎드렸을 텐데, 어린 소타는 고민합니다. 집이나 학교에서 있었던 일을 생각해 보라는 말씀에 따라 자신의 일상을 떠올려 봅니다. 주변 사람들이 잘하는 것이 하나둘 생각납니다. 엄마는 아침 일찍 일어나는 걸 잘하십니다. 반 친구들이 잘하는 것도 떠오릅니다. 달리기를 잘하는 친구, 식물에 대해 모르는 것이 없는 친구, 밥을 잘 먹는 친구, 수학을 잘하는 친구…. 그런데 아무리 생각해도 정작 자기가 잘하는 것은 떠오르지 않습니다. 이런 소타를 위해 선생님은 소타가 잘하는 걸 알려 줍니다. 좋은 선생님 덕분에 소타는 활짝 웃을 수 있습니다.

소타와 친구들이 가진 다양한 장점을 보며, 가드너의 다중지능 이론이 떠오릅니다. 가드너는 지능을 특정 상황이나 환경에서 문제를 해결해 내는 능력, 개인이 속한 사회에서 가치 있는 것을 만들어 내는 능력이라고 보았습니다. 그의 다중지능 이론에 따르면 지능은 9가지가 있으며 각각 독립적으로 존재한다고 합니다. 달리기를 잘하는 친구는 운동 지능이 뛰어난 친구일 것입니다. 식물을 잘 아는 친구는 자연 지능이 뛰어난 친구겠지요. 수학을 잘하는 친구는 논리-수학 지능이 높은 친구일 것입니다. 그 외에도 언어 지능, 공간 지능, 음악 지능, 대인관계 지능, 내적 지능, 실존 지능 등이 있습니다. 그렇다면 소타는 어떤 지능이 뛰어난 아이일까요? 아마 대인관계 지능이 뛰어난 아이일지도 모르겠습니다. 주변 친구들이 잘하는 것들을 잘 파악하고 있는 모습을 보면 말입니다. 내적 지능이나 실존 지능처럼 아동기에는 잘 드러나지 않는 지능이 뛰어난 아이일 수도 있습니다.

가드너의 이론에 따르면, 가장 지능이 뛰어난 사람을 찾는 것은 불가능한 일입니다. 지능을 비교한다는 것 자체가 의미 없는 일이기 때문입니다. 소타와 반 친구들이 그렇듯, 모든 학생은 저마다 특별한 지능을 갖고 있습니다. 누구나 잘하는 것은 있습니다. 중요한 것은 자신의 뛰어난 지능, 곧 재능을 발견하는 것입니다. 그리고 그 재능으로 자신에게 부족한 부분을 채워 가면 됩니다. 그러니 모든 아이의 학창 시절 목표가 좋은 성적일 필요는 없습니다. 애당초 논리-수학 지능이 뛰어난 아이와 자연 지능이 뛰어난 아이를 같은 잣대로 평가할 수 없습니다.

그런데 소타가 그랬듯이 아이들이 스스로 자신이 잘하는 것을 발견하기란 쉽지 않습니다. 운동 지능이나 음악 지능처럼 어릴 적부터 발현되는 지능이 아닌 이상, 재능은 아이들이 좋아하고 흥미 있는 영역에서부터 천천히 드러나기 때문입니다. 소타 역시 자신의 재능을 알지 못했습니다. 그런 소타가 잘하는 것을 발견하고 이야기해 준 선생님처럼, 부모인 우리는 아이를 도와주어야 합니다.

선생님, 그럼 전 춤을 잘 추는데, 공부 안 하고 춤만 열심히 추면 되는 거죠?

수원의 한 작은 도서관에서 《내가 잘하는 건 뭘까》를 함께 읽은 초등학교 4학년 친구가 한 말입니다. 이렇게 말하면서 행복해 하던 친구의 얼굴이 떠오르네요. 공부하라는 엄마의 잔소리에 대항할 무기를 찾은 듯 개선장군처럼 활짝 웃는 아이의 모습에 괜스레 미안해졌습니다. 그렇다고 말하면 좋겠지만, 그게 아니라는 걸 아이도 저도 이미 알고 있었지요.

오은영 박사는, 공부란 나이에 맞는 지식을 쌓으며 인지 기능을 발달시키는 과정, 모르는 것을 알아 가는 과정을 통해 자신을 신뢰하고 자기 효능감을 높이는 과정이라고 이야기합니다.✢ 그러니 공부는 해야 합니다. 춤을 잘 추고 노래를 질하고 그림을 잘 그린다 해도, 십대에는 공부를 해야 합니다. 그러나 모두가 '잘할' 필요는 없고, 그럴 수도 없습니다. 결과보다는 과정을 중시하는 공부, 성장하며 얻어야 하는 자기 신뢰와 자기 효능감을 경험하게 해

---

✢ "공부 못하는 아이, 그럼에도 꼭 해야 하는 이유?", 《머니투데이》, 2021년 5월 28일 자.

주는 공부를 해야 합니다.

아이의 사춘기 시절에 공부의 의미와 정의를 새롭게 만들어 보면 어떨까요? 성적표에 쓰인 숫자보다, 아이가 그 과정을 통해 노력한 시간을 바라봐 주는 것입니다. 그러기 위해서는 목표를 세우고, 그것을 성취할 수 있도록 노력하는 과정을 응원하며 격려해 주어야 합니다. 지금 시기에 해야 할 공부를 성실히 하는 법을 배우고, 그 성실함이 삶의 자세로 자리 잡을 수 있도록 도와주어야 합니다.

우리 아이들의 최종 목적지는 대학이 아닙니다. 아이들은 그 이후의 긴 인생을 살아갈 것이고, 바로 그 시간을 잘 살아낼 힘을 키워야 합니다. 배우는 즐거움이 있는 공부, 목표를 세우고 성취해 나갈 힘을 기르는 공부, 자신이 잘할 수 있는 것을 발견하게 해 주는 공부가 아이들에게 궁극적으로 필요합니다. 그런 공부를 할 수 있을 때 아이들은 좀 더 가벼운 발걸음으로 학교로 향할 것입니다.

아이들을 수치로 평가하며 채찍질하고 솎아 내는 세상이지만, 그에 위축되지는 맙시다. 화려한 성적표와 입시라는 푯대만을 향해 달려가는 공부가 아닌, 성장해 나가는 과정으로서의 공부를 할 수 있도록, 우리가 먼저 공부 뒤에 붙는 '잘'이라는 글자를 떼어 버려야 합니다. 공부 '잘'하는 사람이 아닌, 공부하는 사람, 공부를 즐거워하는 사람이 될 수 있도록 말입니다. 오래전 영화 제목처럼 행복은 성적순이 아니란 걸 우리는 잘 알고 있습니다.

### 엄마의 마음 노트

**당신의 아이가 잘하는 것은 무엇인가요?**

ㄴ 저희 첫째 아이와 둘째 아이는 정말 다릅니다. 첫째는 학교 공부를 잘하는 정도까지는 아니지만 자신이 생각하는 수준까지는 하려는 아이였고, 둘째는 공부 잘하는 것에 별 생각이 없던 아이입니다. 첫째는 언어적 재능이 있어서 독서와 이야기하기를 즐기고, 둘째는 인간 친화적인 지능과 예술적 감각을 가진 아이입니다.

**당신은 아이의 공부에 대해 어떤 생각을 하는 엄마입니까?**

ㄴ 저는 공부 잘하는 아이를 원했던 엄마입니다. 제가 쓴 《마흔에게 그림책이 들려준 말》에서 이야기했듯, 그림책을 통해 제 열등감을 직면하고 치유되는 시간을 가졌습니다. 그 후로 그 열등감이 만든 틀에서 조금씩 자유로울 수 있었고, 아이를 바라볼 때 공부 뒤에 늘 붙였던 '잘'이라는 단어를 내려놓았습니다.

**잘하는 것, 하고픈 것을 찾아가는 아이와 당신에게 《되고 싶은 게 많은 마니》**(솔 루이스 글·그림, 나무말미)를 읽어 드리고 싶어요.

# 친구가 그리 중요해?

"우리에겐 1순위예요"

리처드 T. 모리스 글, 르웬 팜 그림, 《곰이 강을 따라갔을 때》

선생님 말씀 잘 듣고, 친구랑 싸우지 말고!

학교 가는 아이를 향해 엄마들이 자주 하는 말입니다. 이 말에서도 알 수 있듯이 학창 시절에 선생님과 친구는 많은 영향을 주는 존재입니다. 그중에서도 사춘기 아이들의 1순위는 단연코 친구입니다. 가족과 보내는 시간보다 집 밖에서 친구들과 보내는 시간이 더 많아지고, 그렇게 접점이 많은 친구와 자기 이야기를 더 많이 나누는 것 또한 당연한 일일 것입니다.

이렇듯 사춘기는 관계가 새롭게 구성되고 부모의 자

리에 친구가 들어서는 조정의 시기입니다. 아이가 세상을 향해 나가는 시작점에서 친구는 동반자요 조력자가 됩니다. 부모가 만들어 준 익숙한 울타리를 벗어나 처음으로 자신의 길을 개척해 나가는 두렵고도 불안한 모험에서 손을 맞잡고 걸어가는 길동무입니다. 그러니 우리 아이들에게 친구는 더없이 소중한 존재이며, 때로는 부모보다 중요한 우선순위가 됩니다.

부모들은 아이가 만나는 친구가 믿을 만한 좋은 친구인지 종종 염려하지만, 아이들은 이런 부모의 걱정과는 상관없이 자신이 마음을 나누고픈 친구와 함께 울고 웃으며 사춘기 시절을 헤쳐 나갑니다. 이들의 우정은 우리가 익히 아는 또래 집단의 소속감 이상으로 깊고 소중한 것이며, 때로는 아이들에게 삶의 이유가 되기도 합니다. 더 넓고 재미있는 세상으로 함께 나아가는 이야기를 그린 그림책 《곰이 강을 따라갔을 때》의 친구들처럼 말입니다.

© 소원나무, 2020

✦ ✦ ✦

 어느 깊은 숲속, 밤낮으로 강물이 흐릅니다. 강물이 어디로 가는지, 그 끝에 무엇이 있는지 아는 이는 없습니다. 그러던 어느 날, 숲속에 사는 곰 한 마리가 궁금함을 참지 못하고 강을 따라가다가 그만 강에 빠져 버립니다. 그런데 통나무를 타고 흘러가던 곰에게 하나둘 친구가 생깁니다. 개구리를 시작으로 거북이, 비버, 너구리, 오리가 이 여행에 동참합니다. 그들은 함께하는 동안 스스로 생각하던 모습과 다른 자기 모습을 만나고, 약점이라 생각했던 부분을 과감히 대면하기도 합니다. 무엇보다, 이 친구들은 함께하는 즐거움을 마음껏 누립니다.

 동굴 속, 나무 위, 바위틈의 안전지대에 있던 동물 친구들이 모험의 길을 나선 계기는 강물이 어디로 가는지에 대한 호기심이었습니다. 부모의 둥지에서 벗어나는 우리 아이들도 자신이 걸어갈 세상에 대한 궁금함과 기대감을 갖고 길을 나섭니다. 하지만 그 길을 혼자 떠난다면 외로울 것입니다. 그림책 속 곰도 혼자였다면 탐험의 재미를 흠뻑 누리지 못했을 것입니다. 친구들이 찾아왔기에 곰은 포기하지 않고 더 신나게 강을 따라 흘러갈 수 있었습니다. 그리고 그들과 함께하며 자신이 어떤 존재인지 알아가고, 친구들의 모습에 자기를 비추어 볼 수 있는 중요한 시간을 선물 받았습니다.

그런데 이 선물은 그냥 주어지는 것이 아닙니다. 곰과 개구리, 비버가 그랬듯이 통나무에 올라타야 합니다. '함께'라는 배에 올라타는 것입니다. 물론 너구리처럼 어쩌다 배 위로 떨어진 친구도 있고, 오리처럼 배와 부딪치는 바람에 엉겁결에 올라탄 친구도 있지만, 결국은 자기 의지로 승선해야 합니다. 사춘기의 친구 관계는 그야말로 통나무에 올라타 강을 따라 여행하는 일과 같습니다. 재미있고 신나지만 스스로 노력해 올라타야 하고, 때로 아차 하는 순간 아무 잘못도 없이 떨어지기도 합니다. 어른들이 생각하는 것 이상으로 아이들은 친구 관계를 맺고 유지하는 일에 마음과 힘을 쏟습니다. 사춘기는 홀로 가기에는 너무 험한 길임을 아이들도 알기 때문입니다.

모두 통나무배에 함께 타면 좋겠지만 그럴 수 없습니

다. 반 아이들 모두와 사이좋게 지낼 수는 없고, 그럴 필요도 없습니다. 아프리카 초원의 초식동물처럼 떼를 지어 다니기보다, 그저 마음에 맞는 친구들 두세 명이면 충분합니다. 그런데 많은 아이들이 이 과정에서 생각보다 큰 어려움과 고통을 겪습니다.

새 학기가 되면 아이들은 친구 무리를 만드느라 정신이 없습니다. 자칫 기회를 놓치면 혼자 학교생활을 할 수도 있으니 자기와 맞는 친구를 열심히 탐색하고, 삼삼오오 무리를 지어 학교생활을 해 나갑니다. 그런데 이 무리에 속하지 못하고 혼자 있는 아이들이 있습니다. 때로는 무리 속에 있다가 중간에 떨어져 혼자가 되기도 합니다. 무리 속에서 우위를 차지하는 아이들의 조정에 의해 혼자가 되는 아이들도 있습니다. 그런 아이들에게 학교생활은 홀로의 시간입니다. 이 경험은 어른들이 생각하는 것 이상으로 힘겨운 일입니다. 경중의 차이는 있겠지만 대부분의 여학생이 이런 따돌림을 한 번쯤 경험합니다.

저희 둘째는 고등학교 1학년 때까지 세상에서 친구 사귀는 일이 가장 쉬웠던 아이였습니다. 새 학기에 학교에 다녀오면 '오늘은 ○○랑 친해졌다'고 이야기하는 일이 일상이었습니다. 이런 아이에게도 시련은 찾아왔습니다. 2학년이 되어서 마음에 맞는 친구 네 명과 같이 다니기 시작했는데, 나중에 찾아뵌 담임선생님의 말씀에 따르면 성격이 강한 친구들과 딸아이는 조금은 의아한 조합이었다고 했습니다. 하지만 아이는 재미있게 2학년 생활을 시작했습니다. 그러나 선생님의 걱정대로 아이는 곧 그 무리에서 혼자 떨어져 나왔습니다.

처음으로 혼자가 된 아이는 큰 아픔을 겪었습니다. 그런 아이에게 엄마로서 해 줄 수 있는 것은 함께 버텨 주는 일이었습니다. 관계가 어그러진 것이 너의 잘못이 아니라고, 모든 사람과 잘 지낼 필요는 없다고 말해 주었지요. 그리고 방법을 함께 고민했습니다. 아이는 그 무리에서만 떨어져 나왔지, 반 친구들과는 어려움이 없었기에 그나마 다행이었습니다. 다만 점심시간과 수업에서 짝을 지어 활동하는 상황이 곤란할 뿐이었습니다. 반에서 혼자 급식 먹는 친구가 있는지 물었더니, 있다고 했습니다. 저는 그 친구에게 급식이나 모둠활동을 같이 하자고 말을 건네 보라고 조심스럽게 권했습니다. 쉽지 않았겠지만 아이는 용기를 내 그 친구에게 말을 건넸고, 둘은 짝꿍으로 1년을 함께 보냈습니다. 이 시간이 아이에게 큰 상처를 남긴 것은 분명하지만, 도망가지 않고 용기 있게 아픔을 마주함으로써 상처가 아물 수 있었습니다.

요즘 사회 전반에서 학교폭력 문제를 심각하게 다루다 보니 학교에서 만나는 십대 아이들은 스스로도 이 문제의 심각성을 어느 정도 알고 있습니다. 그래서 예전에 비해 학교폭력 문제가 점차 줄고 있는 듯도 보이지만, 드러나지 않는 교묘한 괴롭힘은 여전히 존재합니다. '장난'이라는 이름으로 하는 가해 행동은 온라인상에서 특히 심각한 문제입니다. 이런 상황은 피해 학생이 결코 혼자 해결할 수 없고, 선생님이나 부모가 개입하려 해도 미묘하고 감정적인 부분이라 쉽지 않습니다. 더구나 아이들은 자신이 피해 당사자임에도 이를 자기 잘못으로 받아들여 도움을 요청하기를 꺼립니다.

이런 관계의 어려움을 겪는 자녀에게 우리는 무엇을 해 줄 수 있을까요? 뻔한 말이지만, 아이 곁에 든든히 함께 있어 주면서 문제 해결을 도와야 합니다. 다만, 아이의 입장에 서서 신중하게 그 방법을 선택해야 할 것입니다. 자칫 또래 친구들에게 자신의 문제를 스스로 해결하지 못해 엄마의 힘을 빌리는 모자란 아이로 비칠 수도 있습니다.

아이들이 어려움을 이야기할 때, 누구나 겪는 일이라며 상황을 축소하거나 대수롭지 않게 반응하는 것 역시 문제가 있습니다. 아이는 기나긴 고민의 시간을 보내고 나서 도움을 요청하는 손을 뻗은 것입니다. 학교 가기 싫다는 아이의 등을 떠밀며 친구들과 잘 지내라는 말을 하기보다, 학교에 가기 싫은 그 마음을 만나 주어야 합니다. 그리고 '네 탓이 아니다'라는 말을 백 번이고 해 주어야 합니다. 비록 친구들 사이에서는 거절을 당했지만, 어떤 상황에서도 자신을 조건 없이 받아 주는 부모라는 존재가 있음을 충분히 알게 해 주고 아이가 기댈 수 있는 버팀목이 되어 주어야 합니다. 다만 아이에게서 잘못된 행동을 발견했을 때는 반드시 알려 주어야 합니다. 누구든 가해자도 피해자도 될 수 있기 때문입니다.

모든 아이와 잘 지낼 필요가 없다는 사실을 알려 주는

것도 도움이 됩니다. 1년 동안 함께 시간을 보내는 학급 구성원 중에는 당연히 친한 친구도 있고 데면데면한 친구도 있을 수 있다고 말입니다. 애쓰며 친구 관계를 유지하지 않아도 됩니다. 자기 자신을 잃으면서까지 무리에 어울릴 필요는 없는 것입니다. 힘들게 애써 가며 큰 무리와 어울리기보다 마음이 맞는 소수의 친구를 사귀면 훨씬 편안한 학교생활을 할 수 있습니다.

아이가 사귀는 친구에 대해 부모가 불편함을 느끼는 경우도 있습니다. "친구 따라 강남 간다"는 속담 때문인지, 내 아이가 혹시 친구에게 나쁜 영향을 받을까 불안해서 엄마는 새 학기가 될 때마다 아이가 어떤 친구를 만나는지 촉을 세웁니다. 그러다가 친구를 평가하는 말을 내뱉기도 합니다. 솔직히 말해 우리 아이가 이왕이면 공부 잘하고 학교생활에서도 모범이 되는 그야말로 '엄친아'를 사귀기를 바라기 때문입니다.

저도 그런 엄마였습니다. 하지만 제 아이들은 엄마의 바람보다는 자기 마음에 드는 친구들을 사귀며 사춘기 시절을 지나왔습니다. 친구들의 일을 제 일처럼 여기면서,

함께 울고 웃었습니다. 아이들의 우정은 어른인 제가 생각했던 것 이상으로 진지하고, 서로를 현실적으로 지탱해 주는 견고한 관계였습니다.

딸아이는 중학교 2학년 때 만난 민아와 단짝 친구가 되었습니다. 민아는 집에 자주 놀러 오며 2학년을 보내고, 3학년 때 반이 나뉜 뒤에도 종종 놀러 오는 친구였습니다. 어느 주말, 민아가 여느 때처럼 놀러와 딸과 함께 시간을 보내고 있었습니다. 얼마쯤 지나 딸아이가 민아의 남동생도 불러도 되는지 묻기에 저는 별생각 없이 그러라고 했습니다. 남동생이 우리 집에 도착하면서 저는 상황의 심각성을 알게 되었습니다. 남매는 아빠와 함께 살고 있었는데, 아빠의 폭언과 신체적 위협을 피해 우리 집으로 왔던 것입니다. 제 딸은 친구를 다시 집으로 돌려보낼 수 없다고 말했습니다. 엄마이자 어른인 제가 당황스러워 하는 그때 딸아이는 당당하게 어른으로서의 해결책을 제게 요구했습니다. 그런 아이의 모습이 이 상황만큼이나 당황스러웠습니다.

일단 민아 엄마에게 연락을 드렸습니다. 그런데 무슨

사정인지는 알 수 없으나 법원으로부터 아이들에 대한 접근금지명령을 받았다고 했습니다. 더 심란해진 저는 민아의 담임선생님께 연락을 드렸습니다. 선생님도 아이의 집안 상황을 잘 알고 계셨는데, 가족 행사로 당장 올 수 없다고 하셨습니다. 아이들 앞에서 늘 어려운 친구에게 도움을 주어야 한다고 말해 온 저였습니다. 동시에 민아네 집 사정을 잘 모른다는 핑계, 나중에 그 아이 아빠에게 봉변을 당하지는 않을까 하는 걱정이 슬며시 찾아왔습니다. 하지만 평소 자신에게 강조하던 삶의 태도를 행동으로 증명하라고 말하는 듯한 아이의 시선을 외면할 수 없었습니다. 저는 남매에게 어떤 도움을 원하는지 다시 한 번 물었고, 두 아이는 아빠와 분리되어 엄마와 살고 싶다고 했습니다. 저는 민아와 동생을 데리고 파출소로 가서 신고자 서류를 작성했습니다. 그 후 아이들은 아빠와 분리돼 잠시 쉼터에서 생활하다가 원하던 대로 엄마와 함께 살게 되었습니다.

 이후 몇 번이고 감사하다는 민아 어머니의 전화를 받을 때마다, 그 순간 주저하며 고민했던 제 모습이 떠올라 얼굴이 화끈거렸습니다. 이제 이십대가 된 딸아이와 민아는 지금도 종종 연락하며 지내고 있습니다. 사춘기에 인생이라는 거친 바다를 헤쳐 나가며 서로 돕고 함께 성숙하게 해 준, 선물 같은 우정입니다.

이제 막 자신의 항해를 떠나는 우리 아이들은 어떤 친구들을 만나게 될까요? 때로 혹독한 시련도 닥치겠지만, 부모들은 곁에서 세심하게, 그러나 거리를 유지하며 바라보고 함께해 주어야 할 것입니다. 무엇보다, 친구와 함께 통나무배를 타고 떠나는 이 모험이 즐거움으로 가득하기를 온 마음으로 응원하며 떠나보낼 수 있기를 바랍니다.

> **엄마의 마음 노트**

**당신의 아이는 어떻게 관계를 맺는 편인가요?**

└ 저희 아이들은 모두 속도의 차이는 있지만 친구를 좋아하고, 친구 사귀는 것을 어려워하지 않는 편입니다. 둘 다 학창 시절에 관계의 어려움을 겪고 상처도 받았지만, 그 시간도 잘 지내 왔습니다. 모두에게 인기 있는 사람이 되기보다는 비슷한 결을 지닌 소수의 친구를 만나는 아이들입니다.

**현재 당신에게 어려움을 주는 관계가 있나요? 그 관계에서 당신은 어떤 태도를 보이고 있나요?**

└ 아이들이 다 크고 나니 결국 부부관계에 다시 집중하게 됩니다. 여전히 좁혀지지 않는 틈이 있음을 발견합니다. 그 틈을 인정하고 받아들이며, 남은 삶의 여정에서 잘 통하는 동반자로 함께 걸어가려 노력하고 있습니다.

**어깨를 나란히 하고, 함께 걷고픈 친구가 그리운 당신에게 《우리의 오두막》(마리 도를레앙 글·그림, 재능교육)을 읽어 드리고 싶어요.**

## 외계어니?

"우리끼리 쓰는 말이에요."

헬메 하이네 글·그림, 《슈퍼 토끼》

그림책 모임에서 만난 십대들은 제가 알아듣지 못하는 그들만의 언어를 씁니다. 아이들이 쓰는 은어를 '급식체'(급식을 먹는 세대가 쓰는 언어)라고도 합니다. 기성세대와 차별을 두고, 자기들끼리만 소통할 수 있는 말로 동질감과 소속감을 느끼는 아이들의 문화 현상입니다. 새로운 급식체 은어는 지금도 계속 생겨나고 있습니다.

이런 문화를 통해 볼 수 있는 요즘 십대들의 특징은 무엇일까요? SNS, 인터넷 방송, 게임을 즐기며 그 속에서 쓰는 언어로 소통하고, 활자로 빠르게 소통하는 세대라는 것입니다. 기성세대가 보기엔 가볍고 일회적일지 모르지만, 아이들은 온라인 세상에서 그들만의 언어로 더불어 살아갑니다.

앞에서 말했듯 사춘기에는 자아의식이 높아짐에 따라 정서적으로 어른들로부터 독립하고 싶어 합니다. 이는 청소년기의 자연스러운 발달 과정으로, 이를 통하여 부모에 대한 의존 관계에서 벗어나 독립적으로 사고하고 행동할 수 있는 성인으로 성장하게 됩니다. 또 이 시기의 아이들은 또래 관계를 중시합니다. 또래와 무리 지어 기성세대를 향해 비판적이고 배타적인 성향을 보이기도 합니다. 급식체 은어는 이런 특징을 잘 보여 주는 한 가지 현상입니다. 그뿐 아니라 요즘 십대들은 학교 공부와 친구 관계에 더해 코로나라는 시대적 상황까지 겹쳐 많은 스트레스를 받고 있습니다. 이런 아이들에게 자신들만의 은밀한 언어는 해방감을 주는 도구가 되기도 합니다.

한편으로 은어나 인터넷 신조어의 무분별한 사용은 우리말을 오염시키는 원인이 되고 있습니다. 은어를 많이 쓰는 언어 습관은 학습에 영향을 주기도 합니다. 실제 사용하는 언어와 책에 나오는 언어가 많이 다르다 보니, 문해력에 문제가 생기는 것입니다. 또 아이들이 사용하는 은어 중에는 그 뜻을 알고 보면 심한 욕설이나 매한가지인 말도 있는데, 그것을 모른 채 유행하는 말이라는 이유로 무심코 쓰고 있습니다.

욕설도 사춘기 아이들의 언어생활의 큰 부분을 차지합니다. 국립국어원의 2016년 "청소년 언어문화 실태 연구" 자료에 따르면 학교 안 청소년의 70퍼센트 정도가 욕설과 비속어를 일상적으로 사용하고, 남학생이 여학생보다 더 자주 사용하고 있다고 합니다. 실태 조사에 참여한 학교 안 청소년들은 친구들끼리 장난으로, 친근함을 표현하기 위해 쓰는 욕설에 대해 문제의식을 별로 느끼지 않지만, 교사나 부모님 앞, 공적 의사소통 등의 상황에 맞게 그 사용을 조절하고 있다고 대답합니다.

마치 드라마의 한 장면처럼, 교복을 입은 한 무리의 청소년들이 펼치는 욕설과 비속어의 향연을 목격할 때가 있습니다. 차마 옮길 수 없는 말이 아이들의 입에서 쏟아져 나오는 소리에 저절로 고개가 돌아갑니다. 그런데 너무나 평범한 아이들의 모습을 확인하고는 제 선입견을 알아차리기도 합니다. 이렇게 보통의 아이들이 비속어와 욕설을 사용합니다. 사춘기 이전까지 욕이라고는 모르던 우리 아이들도 욕을 합니다. 다만 부모님과 선생님들 앞에서 상황에 맞게 조절할 뿐입니다.

+ + +

그림책《슈퍼 토끼》의 노란 표지에는 토끼 무리가 있습니다. 그중 한 토끼가 다른 토끼들의 헹가래를 받으며 독자를 바라보고 있습니다. 그 토끼의 몸에서 물이 떨어지고 있는데 어찌 된 일일까요?

잔디밭에 누워 있는 토끼 한스는 언제부터인가 유명해지고 싶다는 생각에 사로잡혀 있습니다. 그렇게 날마다 특별한 토끼가 되는 법을 연구하던 한스가 드디어 방법을 찾아냅니다. 그리고 실행에 옮깁니다. 다른 토끼들이 홍당무를 모으는 동안 한스는 민들레를 꺾고 노래를 부르며 걸어갑니다. 그러더니 물구나무를 서고, 홍당무를 갉아 먹고 사팔눈까지 만드는 등 이상한 행동을 합니다. 몇몇 토끼가 한스의 이런 모습을 신기해 하니, 신이 난 한스는 덜컥 헤엄도 칠 수 있다고 외칩니다. "나는 오리다!"라고 외치며 물속으로 뛰어들었는데, 다행히도 연못가로 밀려와 무사히 물 밖으로 나오지요. 이런 한스는 '인어 토끼 한스'라는 별명을 얻어 개선장군 대접을 받습니다.

그렇게 시작된 한스의 황당한 도전은 회를 거듭할수록 점점 강도가 세집니다. 자신이 헤엄치는 오리라던 한스는 이번에는 날 수 있는 수리부엉이가 되겠다며 날기에 도전합니다. 한스는 정말 운 좋게 살아납니다. 그리고 토끼들 사이에서 유명 인사가 됩니다. 문제는 이런 한스의 행동을 따라 하는 토끼들이 생겨난 것이었고, 너무 많은 토끼가 무모한 도전을 실행하다 죽음을 맞이합니다.

자신이 토끼라는 사실도 망각한 채 오리라고 외치며 연못으로 뛰어들고, 수리부엉이라며 높은 곳에서 뛰어내려 목숨까지 잃는 토끼 무리의 모습을 보고 있자니, 우리 십대 아이들의 모습이 겹쳐 보였습니다. 같은 교복을 입고 무리에 소속되어 있지만, 동시에 튀고 싶고 특별해 보이고 싶은 마음이 파도치는 사춘기입니다. 아이들은 아무 거리낌 없이 욕설과 비속어를 쓰며 즐거워합니다. 당근 대신 민들레꽃을 든 한스처럼 말입니다. 그리고 다른 토끼들이 점점 한스를 따라 한 것처럼 아이들의 일상어는 욕설과 비속어로 채워집니다.

제 아들이 중학생이었을 때, 집에 놀러온 친구와 함께 있다가 자기도 모르게 욕설이 튀어나온 적이 있었습니다. 저희 부부는 아이를 양육하면서 결코 욕설을 입에 담지 않았고, 더구나 '목사 아들'이라는 별칭이 따라다녔던 아이인지라, 아이의 입에서 욕이 나오자 엄마로서 처음 든 감정은 놀람과 걱정이었습니다. 아이가 갑자기 바뀐 이유가 무엇일까, 혹시 나쁜 친구와 어울리는 건 아닐까…별별 생각을 하다 아들과 이야기를 시작했는데, 아이는 엄마의 괜한 걱정이라고 일축했습니다. 다른 친구들도 모두 욕을 하고, 자기는 욕을 하는 축에도 들지 않으며, 게다가 친구들과 함께 있을 때만 할 뿐이라고 항변했습니다.

아이와 대화하면서 우리는 규칙을 만들었습니다. 엄마로서는 욕설은 일절 사용하지 않는다는 원칙을 고수하고 싶었지만 그럴 수 없다는 걸 알고 있었기에, 우리 나름대로 타협을 했습니다. 그 당시 아이들과 정한 규칙은 '또래 친구들이 아닌 다른 사람 특히 어른들과 함께하는 곳에서는 비속어를 사용하지 않는다. 대상 없이 혼잣말로도 연속해서 3회 이상 비속어를 사용하지 않는다'였습니다.

시간이 좀 더 지난 후에 저희 아이들과 비속어에 관한 이야기를 나눈 적이 있습니다. 첫째 아이는 중학생 남자아이들은 맹수들처럼 그야말로 힘의 원리가 작용하는 환경에서, 세 보이고 무시당하지 않으려고 비속어를 쓰는 경우가 많다고 했습니다. 집에서 비속어를 사용한 적 없는 둘째 아이 역시 이렇게 말하더군요. "엄마, 여자애들도 학교에서 친구들끼리는 다 욕해. 전교 1등도 욕해! 그냥 다 한다니까." 그나마 비속어를 무분별하게 사용하지 않고 상황에 맞게 자제할 수 있는 것을 감사해야 하는 걸까요. 이제 성인이 된 두 아이는, 적어도 엄마인 제가 보기에는 비속어를 사용하지 않습니다. 친구들과 이야기할 때면 불쑥 튀어나오던 비속어도 사라졌습니다. 물론 밖에서 친구들과 만나면 어떨지는 모르지만요.

십대 아이들에게 비속어를 무조건 금지한다면 그저

허공에 울리는 잔소리일 뿐입니다. 언어가 그 사람의 인격이라는 사실보다는 또래 사이에서 약하고 찌질하게 보이지 않는 것이 더 중요한 아이들이니, 엄마의 설득에 공감하지 않을 것입니다. 아이들 입장에서는 모두가 사용하는 욕설과 비속어를 쓰지 않는 게 오히려 이상해 보일 거라고 생각할 수도 있습니다. 아이의 언어생활이 잘못되었다고 무조건 지적하기보다는 비속어, 욕설의 문제점에 관해 이야기하는 것이 더 좋습니다. 특히 아이들이 자주 사용하는 비속어 중에는 그 어원상 성적인 뜻을 내포하거나 부모를 모욕하는 뜻이 있다는 사실을 알려 주어야 합니다. 또 비속어를 습관처럼 많이 사용하면 어휘력이 떨어지고, 사고력도 저하되며, 자아존중감과 자기 통제력, 타인에 대한 공감력이 낮아진다는 연구 결과를 아이들에게 보여 주고 함께 이야기를 나눌 수 있다면 좋겠습니다.

아이들은 엄마의 잔소리라며 흘려들을지라도 한 번씩 대화를 통해 지속해서 환기해 주어야 합니다. 또 비속어 뒤에 분노 같은 감정이 숨어 있는지를 살펴봐야 합니다. 아이들이 서툰 감정 표현으로 비속어를 사용한다면 욕설을 대신해 감정을 표현할 수 있는 다양한 어휘들을 알려 주는 것도 필요합니다. 그것이 천진한 얼굴이 사라지고 이유 없는 반항의 계절을 보내고 있는 아이의 엄마인 우리가 할 수 있는 일입니다.

또래 사이에서 유명해지고 싶어 했던 토끼 한스와 친구들은 어떻게 되었을까요? 강물에 뛰어들 때처럼 행운의 여신이 그들에게 계속 손을 내밀었을까요? 그림책 속 한스는 모험의 강도를 점점 높여 끝내는 자기 귀를 막고, 눈을 감고 허세를 부리다 천적에게 잡아먹힙니다.

십대다운 패기와 특권인 양 쏟아내는 비속어도 정도를 넘어서면 아이를 집어삼킬 수 있습니다. 또래 친구들이 다 사용하니까 소속감과 안정감을 느끼기 위해, 우리만의 언어라는 명분으로 비속어와 은어가 우리 아이들의 언어로 고착되어서는 곤란합니다. 언어는 모든 관계의 첫 단추이며, 우리 아이들이 이 단추를 잘못 끼우지 않도록 관심을 가지고 지도해야 할 것입니다. 아이와 함께 대화하며 비속어의 적정선을 찾아보고, 우리 가족만의 대체어도 만들어 보면 좋겠습니다.

> **엄마의 마음 노트**

**사춘기 아이들은 종종 욕설과 비속어를 집에서도 사용합니다. 우리 아이는 어떤가요?**

┗ 간혹 부모에게 욕설이나 비속어를 쓰는 아이들이 있습니다. 그 정도가 지나쳐서 언어폭력에 가까운 욕설을 한다면 전문가를 찾는 것이 좋습니다. 엄마 혼자 멍든 가슴을 부여잡고 버티지 말고, 아이와 함께 길을 찾을 수 있도록 적극적으로 도움을 받아야 합니다.

**내가 말하는 태도는 어떠한가요? 비속어는 아닐지라도 아이에게 부정적인 언어를 사용하고 있지는 않은가요?**

┗ 아이들의 사춘기 시절, 저는 자식을 위한다며 걱정과 불안의 마음이 담긴 부정적 표현을 쓰곤 했습니다. 대부분 '○○하지 않으면…'이라는 부정적인 말로 아이들과 대화를 시작하는 편이었지요. 하지만 그 모두가 내 불안이며 내 기준이라는 것을, 마흔에 두 번째 사춘기를 겪으며 깨닫게 되었습니다. 이제는 아이들의 오늘과 내일을 제 마음대로 재단하는 부정적인 말을 내뱉지 않습니다.

자신의 모습을 지키며 성장하길 바라는 당신에게 《전나무가 되고 싶은 사과나무》(조아니 데가니에 글, 쥘리에트 바르바네그르 그림, 노란돼지)를 읽어 드리고 싶어요.

# 밥이 그렇게 중요해?

"밥 먹으러 학교 가요!"

마이클 J. 로젠 글, 베카 스태틀랜더 그림, 《위대한 식탁》

2학기 기말고사도 모두 끝나고 학년을 마무리하는 즈음, 그림책을 들고 중학생 아이들을 만났습니다. 이제 중학교 생활을 마무리 짓는 아이들이 지난 3년을 돌아보고 새로운 고등학교 생활을 기대할 수 있도록 그림책 수업을 준비했습니다. "중학교 시절 가장 좋았던 추억을 하나씩 이야기해 볼까요?" 아이들은 축제, 수학여행 등을 말했고, 좋은 게 없었다는 친구도 있었습니다. 그러던 중 한 남학생이 큰소리로 외쳤습니다.

급식이요!

이 말에 반 아이들 모두 웃음을 터뜨렸지만, 그 학생의 얼굴을 보니 진심이었습니다. 그 아이는 중학교 내내 급식이 맛있어서 좋았답니다. 반 아이들도 동의하는 것을 보니 그 학교 급식이 정말 맛있었나 봅니다.

급식은 아이들에게 정말로 중요합니다. 우리 집 아이들도 한 달 급식표를 냉장고에 붙여 놓고 그날의 메뉴를 확인하는 즐거움으로 학창 시절을 보냈습니다. 어른들은 아이들이 학교생활에 불성실해 보이면 "너는 밥 먹으러 학교 다니니?"라며 면박을 주지만, 정말 밥 먹으러 학교 다니는 아이들이 있습니다.

저는 도시락을 싸서 등교했던 세대입니다. 그때는 당연히 여겼던 도시락에 엄마의 수고가 담겨 있었다는 사실을 아이를 키우며 알게 되었습니다. 진작 알았다면 반찬 투정은 안 했을 텐데, 저 역시 철없는 십대였습니다. 아무튼 요즘 아이들은 도시락 세대가 아닌 급식 세대입니다. 대부분의 학교에는 전담 영양교사가 있습니다. 그러니 세세히 관리한 식자재를 쓰고 영양학적으로도 균형 있는 식사를 제공합니다. 신체적·정신적으로 급격하게 성장하는 청소년에게 양질의 음식을 주는 것은 매우 바람직하고 당연한 일일 것입니다.

　우리나라 십대 아이들의 건강은 위협받고 있습니다. 늦은 밤까지 학교와 학원을 오가며 저녁도 편의점이나 식당에서 해결하는 경우가 많습니다. 그뿐 아니라, 늦게까지 공부한다며 에너지음료를 마시기도 합니다. 졸음을 쫓기 위해 아이들이 마시는 에너지음료엔 카페인이 들어 있습니다. 카페인은 피로 회복과 집중력에 도움을 줄 수 있지만 과도한 섭취는 문제가 됩니다. 일상적으로 에너지음료를 많이 마신다면 신경장애, 두통, 불안 증세가 나타날 수 있습니다. 학습에도 도움이 될 리 없습니다.

　십대 아이들의 건강을 위협하는 것은 음주와 흡연도 있습니다. 우리나라 청소년 흡연율은 세계적으로 높습니다. 2020년 통계청 자료에 따르면 5,562명의 조사 대상 중 처음 흡연을 경험한 나이가 남학생이 13.4세, 여학생이 13.9세라고 합니다. 생각보다 어린 나이에 아이들이 흡연 환경에 노출되고 있는 것입니다. 어쩌면 흡연이나 음주 장면이 대중매체에 자주 등장하는 것도 그 원인일지 모릅니다. 심지어 십대가 주인공인 드라마나 영화에서도 흡연 장면이 자연스럽게 등장하고, 그것을 청소년의 특권이자 기성세대에 대한 반항의 상징으로 표현하기도 합니다. 내 아이는 절대 그럴 일 없다고 제쳐 두기보다, 늘 관심을 기울이고 단순한 호기심이 흡연으로 이어지지 않도록 지도해야 합니다.

균형 잡힌 성장을 꾸준히 이루어 가야 하는 청소년기에는, 이처럼 건강을 저해하는 요소들로부터 아이들을 지켜 주어야 하고, 식습관에 관심을 기울여야 합니다. 그런 점에서 학교에서 급식을 통해 매일 양질의 식단을 제공받을 수 있다는 것은 참 다행한 일입니다. 아이들이 즐거워할 만큼 음식 맛까지 좋다면, 그야말로 급식 먹으러 학교에 간다는 말을 단순한 우스갯말로 여길 일은 아닐 것입니다.

제가 학교에서 강의를 할 때 주의해야 하는 점 중 하나는, 절대 쉬는 시간을 침해하지 않는 것입니다. 쉬는 시간 종이 울리면 칼같이 마무리해야 하고, 특히 점심시간은 불가침 영역입니다. 물론 강사들끼리 하는 농담이지만, 그 정도로 아이들에게 점심시간은 소중합니다. 왜 그럴까요? 점심시간 종이 울리면 그야말로 야수처럼 급식실로 달려가는 이유, '밥 먹으러 학교 다닌다'고 말하는 진짜 중요한 이유는 무엇일까요?

물론 항상 배고픈 십대 아이들이니 그럴 수 있습니다. 그러나 좀 더 생각해 보면, 밥을 먹는 급식실에서는 모두가 똑같아지기 때문이 아닐까 하는 짐작도 듭니다. 그곳에서는 모두가 평등합니다. 공부를 잘하는 아이도, 조금 부족한 아이도 똑같은 밥과 반찬을 받고, 자유롭게 자신이 원하는 곳에 앉아 먹습니다. 이렇게 평등한 대우를 받는 공간이 바로 급식실입니다.

아이들에게 학교는 평가가 전제된 장소입니다. 그 평가의 기준은 대부분 학업 성취도, 즉 성적입니다. 공부 잘하는 아이와 못하는 아이, 학교를 빛내 줄 아이와 그러지 못하는 아이로 나뉩니다. 이런 이분법적 시선은 고등학교에 진학하면 더 선명해집니다. 누가 말하지 않아도 아이들 스스로 알 수 있습니다. 하지만 그런 기준이 통하지 않는 곳이 급식실입니다. 그곳에서는 공부를 잘하거나 그렇지 않거나 같은 식판에 같은 음식을 담아서 함께 앉아 먹습니다.

+ + +

 예쁜 꽃무늬 식탁보로 덮인 탁자 위에 큼지막한 그릇 한가득 살구가 담겨 있는 표지 그림, 이 그림책의 제목은《위대한 식탁》입니다. 어떤 식탁이기에 위대할 수 있는 걸까요? '신분이 높은 왕에게 바치는 식탁일까? 아니면 최후의 만찬처럼 생의 마지막 순간 마주하는 식탁일지도?' 이런저런 상상을 하며 책의 표지를 넘깁니다.

위대한 식탁이란
집에만 있는 게 아니에요.
아니죠. 온 세상에 펼쳐져 있죠.
혼자 힘으로는 차릴 수 없고요.

 첫 페이지부터 맛있는 음식이 가득 그려져 있습니다.

ⓒ 살림, 2020

다음 장면에는 여러 명이 함께 음식을 나눠 먹는 모습이 그려져 있습니다. 그렇게 한 장 두 장 넘기다 보면 이내 첫 장면에서 말하는 "온 세상에 펼쳐져 있고, 혼자 힘으로 차릴 수 없는 위대한 식탁"에 대해 어렴풋이 짐작할 수 있습니다. 내 손으로 음식을 만들고 차려 내는 식탁도 사실은 내 힘으로만 차린 것이 아닙니다. 수고를 아끼지 않은 여러 손이 식탁을 차릴 재료를 나에게 주었으니까요. 또한 함께 음식을 나누는 시간이 얼마나 아름답고 따듯한지를 이 그림책은 말해 줍니다. 단출한 커피와 컵케이크일지라도, 때로 저 깊은 산속에서 나누는 마시멜로 한 조각일지라도, 함께이기에 위대한 식탁이 될 수 있습니다.

저마다 내놓은 소박한 음식을 함께 나누어 먹는 식탁이 세상에서 가장 풍성하고 위대한 식탁임을 그림책을 덮으며 알게 됩니다. 이 위대한 식탁에서는 무시 받는 음식도 없고, 비교되는 기준도 없습니다. 맛있고 맛없다는 것도 문제 되지 않습니다. 그저 자신의 빛깔이 있는 음식, 각자의 소중한 것을 나눌 수 있다면 그것으로 충분합니다.

'밥 먹으러 학교 가는' 아이들을 다시 떠올려 봅니다.

아이들이 가장 많은 시간을 보내는 학교에서 친구들과 나누는 식탁이 이런 위대한 식탁이 되기를 바랍니다. 동시에, 아이를 이런 식탁으로 초대하는 부모가 되고 싶습니다. 음식 솜씨는 크게 중요하지 않을 겁니다. 아이와 마주 앉아 공부 이야기를 하는 대신 즐겁게 먹고 웃을 수 있는 식탁을 준비하고 싶습니다.

급식실뿐 아니라 교실과 가정, 그리고 아이들이 머무는 모든 곳이 이런 위대한 식탁 같았으면 좋겠습니다. 평가하고 비교하기보다, 나누고 소통하고 진심으로 서로를 인정해 주는 세상이면 좋겠습니다. 잔치의 주인과 손님 모두가 식탁에 나란히 앉는 위대한 식탁 같은 학교와 사회가 되면 좋겠습니다. 그런 곳은 언제든 새로운 사람이 찾아올 수 있을 것입니다. 그저 의자를 조금씩 당겨 앉아 자리를 내주면 됩니다.

> **엄마의 마음 노트**

**아이와 함께하는 식사 시간, 어떤 대화를 나누고 있나요?**

ㄴ 식사 시간에는 공부 이야기를 꺼내지 않았습니다. 제가 좋은 엄마여서가 아니라 순전히 아이들의 요구였지요. 밥 먹을 때만큼은 공부나 해야 할 일을 확인받고 싶지 않다는 말에 미안한 마음이 들었고, 이후로는 아이들의 요구 사항을 지키려 꽤 노력했습니다.

**당신은 어떤 식탁을 차리는 엄마입니까?**

ㄴ 맛있고 정성스러운 음식을 척척 만들어 주는 엄마가 되고 싶지만 애석하게도 요리에 그리 관심이 없는 엄마입니다. 한때는 이런 제가 부족해 보였지만 이제는 그런 마음을 갖지 않습니다. 솜씨는 부족해도 정서적으로 영양가 높은 식탁을 차려 주는 엄마, 식탁에 마주 앉아 아이의 하루 이야기를 들으며 함께 울고 웃는 엄마가 되고 싶습니다.

**누구나 함께 어울려 맛난 음식을 나눌 수 있는 공동체를 바라는 당신에게 《할머니의 식탁》(오게 모라 글·그림, 위즈덤하우스)을 읽어 드리고 싶어요.**

5부

## 엄마의 두 번째 사춘기

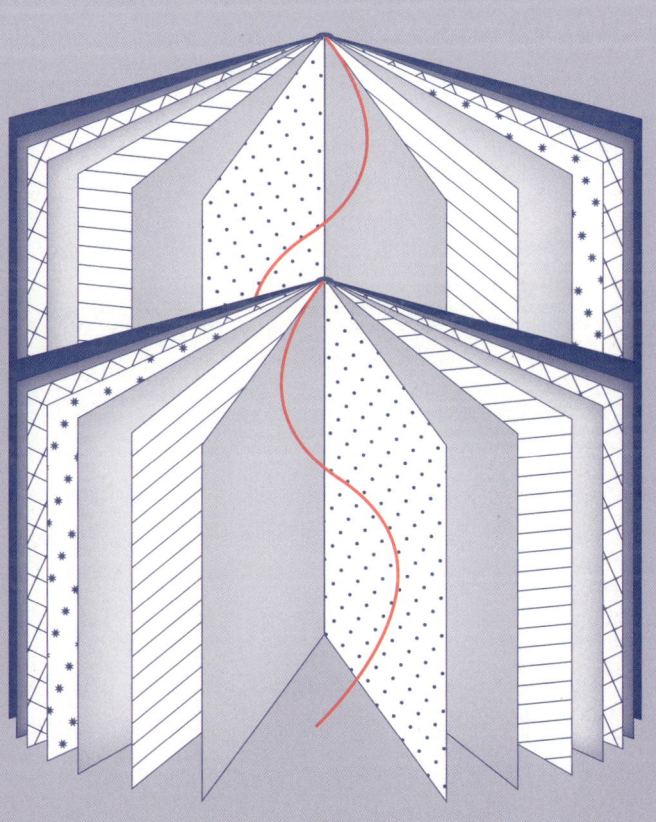

## 아이와 행복하려면 어떻게 해야 할까요?

"아이의 어떤 행복을 바라고 있나요?"

허은미 글, 서현 그림, 《너무너무 공주》

저는 멋지게 아이를 믿어 주는 엄마가 되고 싶었습니다. 아이가 때로는 실수하고 길을 잃겠지만, 그런 모습까지 묵묵히 바라봐 주는 엄마, 되돌아서 달려올 때 힘껏 안아 주고, 내 품에서 힘을 받아 다시 나아가는 아이를 향해 활짝 웃어 주는 엄마. 그런 엄마가 되리라 결심했었는데, 막상 그 시절이 찾아오자 그 결심은 연기처럼 사라졌습니다.

기본은 해야지!

그랬습니다. 저는 기본이라는 돌덩이를 던져놓고 아

이의 앞길을 막아서고 있는 엄마였던 것입니다. 바라던 엄마의 모습과 전혀 딴판이 되어 버린 것은, 제 마음속에 불안과 근심이라는 또 다른 돌덩이가 놓여 있었기 때문입니다. 그래서 자꾸 아이에게 말했습니다. "학생이니 공부도 기본은 해야지." "네 방 정리하고 물건 챙기는 것도 기본은 해야 하는 거 아니야?"

그런데 그 기본이라는 것은 무엇일까요? 세계적으로 통용되는 규격, 청소년이 해야 할 생활의 '기본'을 환산한 값이 어딘가에 명시되어 있나요? 사실 그 기본이란 엄마인 내가 생각하는 기본이었습니다. 더 솔직히 말하자면 내가 바라는 아이의 모습 말입니다. 스스로 교양 있는 엄마임을 자부하는 터라, 아이에게 강요하지 않고, 아이를 존중해 최소한만 바라겠다고 생각했습니다. 그러나 그것 사실 남이 볼 때 나의 체면을 세워 줄 수 있는 최소한의 기준이었습니다. 그것이 바로 내가 그렇게 강조하던 '기본'입니다.

✦ ✦ ✦

　옛날, 아주 먼 옛날에 나이가 지긋한 임금님이 늘그막에 딸을 낳았습니다. 그러니 임금님의 딸 사랑이 얼마나 지극할지 짐작이 갑니다. 아빠의 사랑을 듬뿍 받으며 공주는 여느 아이들과 같은 아이로 자랐습니다. 대부분의 아이들처럼, 특별히 예쁘지는 않지만 못생기지도 않고, 착하지는 않지만 못되지도 않고, 똑똑하지는 않지만 멍청하지도 않은 너무너무 평범한 아이입니다. 공주는 아빠의 사랑 덕분에 자신의 마음을 솔직하게 표현하고 주장하는 건강한 아이로 성장합니다. 그런 공주의 모습을 보고 아빠는 생각합니다. "공주는 대체 누구를 닮았을꼬?" 질문이 멋쩍을 정도로 임금님과 똑 닮은 공주인데 임금님만 모릅니다.

　그런 공주를 위해 임금님은 소원을 빕니다. 세상에서 가장 예쁜 공주가 되게 해 달라고, 그리고 세상에서 가장 착하고 상냥한 공주가 되게 해 달라고 빕니다. 그러나 두 가지 소원이 모두 이루어졌어도 공주를 행복하게 하지는 못했습니다. 아이가 행복하지 않으니 바라보는 아빠 역시 행복할 수 없습니다. 모든 사람이 칭찬하는 비범함을 가졌다는 사실이 행복을 줄 수 없습니다. 고민하던 임금님은 이제 마지막 남은 소원 하나를 빌었고, 그 소원이 이루어졌습니다. 너무너무 공주는 예전의 평범했던 모습으로 돌아왔습니다. 소원을 세 번이나 빌었던 임금님은 그사이에 더 늙고 주름진 얼굴을 하고 있습니다. 작가는 임금님의 마지막 소원을 밝히지 않고, 과연 어떤 소원이었을지 독자에게 묻고 있습니다.

임금님이 마지막에 어떤 소원을 빌었길래 공주가 원래 모습으로 돌아왔을까요? 아마도 딸의 행복을 빌지 않았을까요? 아빠가 바라는 모습으로 살아가는 공주가 행복하지 않음을 알게 된 임금님은 그저 딸이 행복하기를 빌었을 것입니다.

물론, 세상에서 가장 예쁘고 착한 모습이 되길 바라는 것도 아이의 행복을 바라는 아빠의 마음입니다. 임금님에게 행복의 기본은 예쁘고 친절한 모습을 갖는 것이었나 봅니다. 그렇다면 임금님은 왜 예쁘고 친절하면 세상에서 가장 행복할 수 있다고 생각했을까요?

생각해 볼 수 있는 첫 번째 이유는, 임금님이 자신과 닮은 공주의 모습, 즉 자기 모습을 사랑하지 못했기 때문일 것입니다. 임금님은 자신의 콤플렉스를 아이에게 투영했고, 그래서 세상에서 가장 예쁘고 친절한 모습으로 바꿔 주면 아이가 더 행복해지리라 생각한 것입니다. 그런데 그것은 아빠의 착각이었습니다. 아이는 세상에서 가장 예쁘고 친절한 모습으로 주위 사람들의 부러움과 사랑을 받았을지 모르지만, 스스로는 행복하지 않았습니다.

저 또한 그런 엄마였습니다. 저는 소위 '가방끈'에 대한 열등감이 있었습니다. 우리나라 최고 대학 출신인 아버지는 저의 자랑이자 부담이었습니다. 더구나 사촌들도 모두 아버지와 동문인 데다 그것도 치·의대, 약대 출신이라는 사실에 늘 기가 죽었습니다. 그래서 넘침도 모자람도 없는 평범한 학창 시절을 보내면서도 스스로 '공부 못하는 아이'라는 바코드를 붙이고 다녔습니다. 그러다 무슨 일이 생기면 이 바코드가 스캔이 되어 삑삑 울려 댔습니다. '이럴 줄 알았어. 내가 뭐 그렇지. 공부도 못하니 이런 건 당연하지.' 이 바코드를 지워 보겠다고 공부가 목적도 아니면서 대학원에도 진학해 보고, 이런저런 공부에 열심을 냈습니다.

이런 열등감이 있던 제가 아이를 낳았습니다. 자신을 사랑하지 못하니 현재의 자기 삶을 인정하지 못하고, 나를 꼭 닮은 자식이 나처럼 살까 봐 노심초사하는 엄마가 되었습니다. 그러니까 아이에게 늘 말하는 기본은, 사랑에서 나온 것이라기보다 내 열등감에 근거한 강요에 가까웠을 것입니다. 스스로 부족하다고 여기는 부분을 아이에게 더 요구하고 강조한 엄마, 자신을 사랑하지 못하니 자신을 닮은 아이를 수용하지 못하고 자꾸 변화시키려 하는 엄마입니다.

그러나 아이는 자기 삶을 살아가는 존재입니다. 아이는 내가 아닙니다. 설령 나 자신의 부족하고 마음에 들지 않는 모습을 아이가 가졌다 해도, 그는 나와 다른 삶을 살아갈 것입니다. 부모가 억지로 간섭하고 바꾸려 하지 않아도, 자신이 가지고 태어난 고유한 그 모습대로 행복하게 살아갈 것입니다.

임금님이 이와 같은 소원을 빌었던 두 번째 이유는,

아마도 다른 사람들의 시선 때문이었을 것입니다. 성장하면서 자신을 닮아 가는 공주를 '누구를 닮았을까?' 하는 걱정 어린 시선으로 바라보기 시작하자, 공주를 평가하는 주변의 말들이 귀에 들어옵니다. 아이의 모습에서 내가 사랑하지 못하는 자기 모습을 보고 흔들리고 있는데, 주변에서 하는 이야기까지 귓속에서 큰 소리로 울립니다. 이제는 나의 시선에다 타인의 시선까지 더해 아이를 보기 시작합니다. 내 아이와 전혀 상관없는, 아이를 잘 알지도 못하는 주변 사람의 말에 흔들리는 것입니다.

임금님은 이런 긴 양육의 과정을 보내고 더 주름진 얼굴의 아빠가 됩니다. 그리고 딸아이가 원하는 행복한 삶을 소원으로 품습니다. 그렇게 원래의 자기 모습으로 돌아온 공주는 다시 행복한 일상을 살아갑니다. 처음부터 아이의 본성대로 사는 것이 진짜 행복한 삶이라는 걸 알았다면 좋았을 텐데, 임금님도 공주도 한참을 애쓰고 난 뒤에야 알게 되었습니다.

이것이 바로 부모가 아이와 함께 써 내려가는 양육 이야기입니다. 처음부터 실수가 없으면 좋겠지만 쉽지 않은 일입니다. 아이도 부모도 처음 걷는 이 길에서, 우리는 함께 길을 잃고 헤매기도 합니다. 하지만 너무너무 공주와 임금님이 그랬듯이 우리도 반드시 자신의 길을 찾아갈 것입니다. 아이의 사춘기는 흔들리는 아이의 모습을 통해 흔들리는 자기 모습을 만나는 시기입니다. 그동안 외면했던 '내 안의 울고 있는 나'에게 다가가는 시기입니다.

자녀의 사춘기는 내 인생에 또 한 번의 기회가 되었습니다. 진짜 나를 만나고 그런 나를 사랑할 수 있는 시간이 찾아온 것입니다. 그림책으로 나를 만나고, 또 만났습니다. 도망가고 싶고 적당히 숨기고 살고 싶었지만 그럴 수 없었습니다. 그렇게 느리지만 조금씩 나 자신을 온전히 만나고 사랑하게 되니, 신기하게도 내 모습이 아닌 아이 본연의 모습을 바라볼 수 있게 되었습니다. 물론 지금도 여전히 흔들립니다. 그러나 이제는 내 불안과 열등감을 아이에게 투영하지 않으려 애쓰는 엄마로 살아갑니다. 아이의 모습에서 지난날의 내가 보일 때, 고개를 저으며 내가 아닌 아이의 모습을 보려 합니다. 그러다 보니 내 안에 새겨진 열등감의 바코드가 조금씩 희미해져 갑니다.

그림책의 뒤표지를 보니, 왕이 쓰는 왕관 위에 임금님과 너무너무 공주가 시소를 타듯 서 있습니다. 그 시소는 어느 쪽으로도 기울어져 있지 않습니다. 사춘기 아이와 부모가 바로 이런 모습이어야 할 것입니다. 그동안 관계의 시소에서 무게추가 부모에게 가 있었다면, 이제는 무게추를 옮겨 부모와 아이가 대등한 위치에 서야 합니다. 더 이상 아이의 모습에서 자기를 보지 말고, 그 시선을 자기를 향해 돌려놓아야 합니다.

내 안의 나, 오늘의 자신을 내밀하게 만나야 하는 두 번째 사춘기가 찾아왔습니다. 이 세상 누구보다, 어쩌면 아이보다 더 소중한 자신을 만나고 성장하는 아름다운 시절을 만끽하시기를 바랍니다.

ⓒ 허음미, 서혈

### 엄마의 마음 노트

**당신이 생각하는 행복한 삶은 어떤 모습인가요?**

ㄴ 저는 늘 안정적인 삶이 행복하다고 생각했어요. '안정'이라는 말에는 이왕이면 좋은 성적을 얻고 좋은 직장을 얻어야 한다는 전제가 붙어 있었습니다. 이제는 내가 기준으로 세운 것을 다 가졌다 해도 삶은 결코 안정적일 수 없음을 압니다. 주어진 오늘을 누리며 저의 삶을 살고 싶습니다.

**이제 당신이 만나야 할 자기 안의 아이는 어떤 모습인가요?**

ㄴ 저는 마흔에 그림책을 읽으면서, 외면하고 싶은 내 안의 나를 만났습니다. 그 이야기가 《마흔에게 그림책이 들려준 말》이라는 책이 되었습니다. 두 번째 사춘기를 피하지 않고 나를 만나길 참 잘했다 싶습니다. 이제 오십의 나를 만납니다. 그와도 잘 지내길 바라면서요.

**이제, 다시 '나'를 찾아 첫걸음을 내딛는 당신에게 《하지 않으면 어떨까?》(앨리슨 올리버 글·그림, 아름다운사람들)를 읽어 드리고 싶어요.**

# 너무 늦은 건 아닐까요?

"아이와 함께 성장하면 돼요"

키티 크라우더 글·그림, 《메두사 엄마》

"제가 다시 일을 할 수 있을까요?"
"뭐라도 하고 싶은데 뭘 해야 할지 모르겠어요."
"아직 아이만으로도 버거워요."
"새로운 일을 시작하기에 너무 늦은 건 아닐까요?"

수원의 작은 도서관에서 "그림책과 진로"라는 프로그램으로 엄마들을 만났습니다. 첫 시간에는 함께 둘러앉아 이 강좌를 신청한 이유를 들어보고, 자신의 진로에 대한 이야기를 나누었습니다. 참여자 대부분이 자신이 무엇을 하고 싶은지, 무엇을 해야 할지 잘 모르겠다고 말했습니다.

아이들이 초등학교 고학년이 되면 조금씩 하교 시간이 늦어집니다. 거기다 방과후교실이나 학원에 다니면 더 늦게 옵니다. 예전에는 늘 종종거리던 엄마에게 한숨 돌릴 여유가 생깁니다. 기다려 온 여유를 얻게 되었고, 이제는 하고 싶었던 무언가를 소박하게 시작하면 될 것 같은데, 막상 그 시간이 찾아오니 뭘 해야 할지 모르겠습니다. 예전에 했던 일을 다시 시작하려니 경력 단절 기간이 너무 깁니다. 새로운 일을 시작하기엔 나이가 너무 많은 건 아닌지 자문해 봅니다. 벌써 자신의 길을 찾아 흔들림 없이 가고 있는 다른 이들을 보며 아무래도 늦었다는 생각이 듭니다. 좀 더 일찍 도전하지 못한 용기 없는 자신만 탓하고 맙니다. 모두가 자신의 버스를 타고 떠난 후 혼자만 덩그러니 남겨진 것 같습니다. 아이는 엄마에게서 멀어지는 나이인데, 괜스레 아이를 붙잡고 싶습니다.

저 역시 자녀 양육에 먼저 최선을 다하고, 아이들이 커서 손이 덜 갈 때 하고 싶은 일을 하겠다며 갈증을 꾹꾹 눌러 왔습니다. 오지 않을 것 같던 그 시간이 마침내 왔고 마음속 작은 꿈을 찾아 조심스레 펼쳐 보려는데, 꿈이 너무 오래 구겨져 있었나 봅니다. 펼치지도 못한 지도만 들고 우두커니 서 있는 사이에, 아이는 보란 듯이 자신의 길을 달려갑니다.

+ + +

《메두사 엄마》의 표지에는 한 귀여운 아이가 앉아 있습니다. 아이가 앉은 곳은 분명 바닷가인데 버드나무 가지처럼, 아니 커다란 실몽당이처럼 생긴 무언가에 싸여 있습니다. 한 장을 넘기면 보름달이 환하게 뜬 어느 밤에 두 산파가 어딘가로 가고 있습니다. 잰걸음으로 향한 곳은 그날 밤 아이를 출산할 산모의 집입니다. 산파를 기다리는 메두사의 모습이 시선을 사로잡습니다. 세상에 태어나서 한 번도 자르지 않은 듯 길고 무성한 머리카락을 늘어뜨린 메두사의 모습은 기괴합니다. 힘든 진통의 시간이 지나 메두사는 사랑스러운 딸을 출산합니다. 세상에서 가장 소중하고 특별한 존재, 이리제의 탄생입니다. 메두사는 조가비가 진주를 품듯 이리제를 자신의 머리칼 속에 품고 소중하게 키웁니다.

    그런데 이리제가 성장하면서 문제가 생깁니다. 아이의 존재가 사람들과 세상에 드러납니다. 품 안의 아이에게 자꾸 세상이 다가옵니다. 아니, 아이가 자꾸 세상으로 나갑니다. 메두사가 자기 머리카락으로 꽁꽁 감싸 안을수록 이리제의 눈과 귀는 세상을 향합니다. 그래서 메두사는 아이를 바다나 숲으로 데려가 세상을 경험하게 해 주려고 최선을 다합니다. 이리제는 그렇게 엄마의 머리카락이 데려다주는 곳에서 세상을 경험합니다. 그러나 그것만으로는 창문 너머 세상을 바라보는 이리제의 시선을 막을 수 없습니다. 엄마는 초조한 마음으로 아이에게 글을 가르치고 책을 읽어 주며, 최선을 다해 이리제의 시선을 붙듭니다. 하지만 결국 이리제는 스스로 세상으로 나가는 선택을 합니다.

    엄마 메두사의 마음을 아는지 모르는지, 이리제는 자신이 선택한 세상에서 스스로 성장하는 즐거움을 알아갑니다. 세상에 용감하게 발을 디디자 이리제의 반짝이는 재능이 빛을 발합니다. 책을 읽어 주는 이리제의 목소리를 넋 놓고 듣는 친구들의 표정을 보면 이리제가 얼마나 특별한 재능을 가졌는지 알 수 있습니다. 엄마하고만 있었다면 알 수 없었을, 오직 스스로 선택한 길에서만 알게 된 사실입니다.

엄마 아빠와 함께라면 세상에서 가장 행복한 아이들이었습니다. 그리고 엄마에게는 그런 아이가 자신의 모든 것이던 시간이었습니다. 돌아보면, 좀 더 자유로운 시간이 찾아오면 내가 원하는 나로 살 거라 다짐하며 불면의 밤을 보낸 시간이었습니다. 인내심의 한계 앞에서 이러다 정신을 놓는 건 아닌지 불안해하며 자신을 시험대에 올려놓고 치열하게 아이를 길렀습니다. 하지만 시간은 흐르고, 이제 아이는 엄마의 치열함을 부담스러워합니다. 아이는 엄마보다는 친구와 함께 있기를 원하고, 더 큰 세상으로 나아갈 준비를 합니다.

그런 아이를 바라보는 내 마음을 나도 잘 모르겠습니다. 조금씩 독립해 가는 아이를 보면 대견하고, 무거운 책임에서 조금 자유로워진 듯 홀가분하다가도, 아이의 뒷모습에 서운함이 찾아옵니다. 서운한 마음을 꾹꾹 누르며 보란 듯 내 길을 나서려 하지만 이내 길을 잃습니다. 내가 어떤 사람이고 무엇을 좋아하는지 잘 모르겠습니다. 그런 것들을 찾기엔 너무 늦지 않았나 의문이 들어 자꾸 같은 자리에서 맴돌고만 있습니다. 그래서인지 이리제를 곁에 두려 했던 메두사처럼 시선이 자꾸 아이를 따라갑니다.

책의 결론부를 펼칩니다. 학교를 마친 이리제의 등 뒤로 살그머니 다가와 있는 짧은 머리의 메두사가 보입니다. 이리제를 놓지 못했던 메두사의 긴 머리카락이 짧아졌습니다. 이리제를 재우고, 먹이던 머리카락을 스스로 잘라낸 것입니다. 이제 메두사는 이리제와 적당한 거리를 유지하며 든든한 응원자가 될 것입니다. 그리고 자신의 길을 찾아 나설 것입니다. 짧은 머리로 가뿐하게, 잠시 잊었던 자신을 찾아 세상으로 나아갈 것입니다.

우리도 메두사처럼 긴 머리로 아이를 꽁꽁 싸매는 시절을 보냈습니다. 흔들리고 실수하기도 했습니다. 그럼에도 우리 아이들은 자신의 속도대로 무럭무럭 성장하고, 우리도 용감히 머리칼을 잘라내야 할 때가 옵니다. 하지만 나의 시간은 아이들을 키우며 멈춰 버린 것 같고, 오늘 나의 모습은 길을 잃은 것 같습니다. 그래도 괜찮습니다. 바로 여기서 시작하면 됩니다. 결코 늦은 때는 없습니다. 그저 한 걸음 내디디면 됩니다.

저도 아이들이 사춘기가 되어서야 다시 세상으로 한 걸음 나아간 엄마입니다. 마흔이 되어서야 내가 무엇을 좋아하고 어떤 삶을 살고 싶은지 고민하고 한 걸음씩 시도해 볼 수 있었습니다. 그림책을 만났고, 그림책이 마냥 좋았습니다. 그림책을 더 알고 싶었고, 그림책으로 사람들과 이야기 나누고 싶었습니다. 그래서 그림책 공부를 하고 그림책 모임을 만들고, 무작정 이력서를 도서관에 보내 거절당하기도 했습니다. 한 명의 참여자 앞에서 강의도 해 보았습니다. 그렇게 그냥 시작해 본 수많은 걸음 덕분에 지금의 내가 되었습니다.

이제 엄마에서 다시 '나'로 한 걸음을 떼 봅시다. 우리는 엄마라는 역할을 살아내는 동안 우리를 지나쳐 가는 버스를 보내며 숱한 기다림의 시간을 보냈습니다. 이제는 우리 발로 걸어갈 수 있고, 더 이상 조마조마한 마음으로 우리를 태워 줄 버스를 기다리지 않아도 됩니다. 마흔이든 쉰이든 늦지 않았습니다. 지금부터 중요한 것은 대단한 무엇이 되는 것이 아니라, 누구의 어떤 존재가 아닌 온전한 나 자신으로 오늘을 사는 것입니다. 그리고 나 자신으로 살 수 있게 하는 원천이 무엇인지 찾아가면 됩니다.

자기 이름을 찾아가는 길에 꼭 그럴듯한 목표와 성취가 있어야 할 필요는 없습니다. 우리는 이미 충분히 치열하게 무엇인가가 되기 위해 지금껏 살아오지 않았나요? 착한 딸, 모범 학생, 능력 있는 사회인, 좋은 엄마…. 일일이 열거하기도 벅찰 정도로 목표에 치여 살았습니다. 이제 나 자신으로 살아가는 길에서는 그런 것들을 좀 내려놓아도 되지 않을까요? 그저 내가 좋아하는 것, 능력과 상관없이 하고 싶었던 일, 잘해야 한다는 강박에 밀려 가슴속 저 밑에 숨겨 두었던 그 일을 시작해 보면 좋겠습니다. 그런 것이 없다면 이제부터 찾아가면 됩니다.

걸어서 어디에 닿을지, 얼마나 걸을 수 있을지 아직은 모릅니다. 걸어 봐야 알 수 있기 때문입니다. 그러니 일단 시작하면 됩니다. 선명하게 그려지는 것이 없을지라도 자신을 의심하지 말고 꿈꿔 왔던 모습대로 걸어 보면 됩니다. 지금은 변변찮아 보일지라도 스스로를 믿어 주고 응원하며 걸어가면 됩니다. 걷다 보면 어느 날 알지 못하는 사이에 자신이 꿈꾸던 모습으로 살아가는 자신을 마주할 것입니다. 성공과 실패를 떠나 스스로 자기만의 길을 내며 성실하게 걸어가다 보면 말입니다.

육아라는 긴 멈춤의 시간을 마침내 뒤로하고 다시 '나 자신'으로 걸어가는 짧은 머리의 메두사 엄마들에게 응원을 보냅니다. 마음껏 웃으며 원하는 곳으로 멀리멀리 나아가기를, 곁에서 함께 걷고 있는 수많은 메두사 친구들과 함께 더욱 힘내어 걸어가기를 응원합니다.

> 엄마의 마음 노트

**다시 온전한 '나 자신'이 되어 도전하고픈 일이 있나요?**
ㄴ 아이들의 사춘기 시절에 저는 그림책을 만났고, 지금 그림책 활동가의 길을 걷고 있습니다. 이제 이야기를 창작하는 새로운 삶을 꿈꾸며 도전합니다. 글을 쓰는 사람으로 이 길을 천천히 걸어가 보려 합니다.

**자신의 길을 걷기 시작하면서 주저하게 만드는 것과 그 해결책은 무엇일까요?**
ㄴ 그림책을 공부하는 과정에서 경제적인 문제가 걸림돌이었습니다. 그래서 일을 시작했습니다. 내가 번 돈으로 하고픈 공부도 하고 그림책도 맘껏 사고 싶어서요. 요즘 저를 주저하게 만드는 것은 창작을 하기엔 사고가 너무 틀에 박혀 있다는 사실입니다. 하지만 포기하지 않습니다. 그저 이 굳은 머리로 할 수 있는 만큼 묵묵히 읽고, 쓰고, 걷고 있습니다.

**아이의 사춘기라는 파도에 밀려 나의 여정을 시작한 당신에게 《키오스크》(아네테 멜레세 글·그림, 미래아이)를 읽어 드리고 싶어요.**

# 내 편 아닌 남의 편인가요?

"따로 또 같이"

데보라 보그릭 글, 피아 발렌티니스 그림, 《직선과 곡선》

코로나가 한창이던 2021년 겨울, 수원에 있는 작은 책방에서 부부를 대상으로 그림책 모임을 했습니다. 네 쌍의 부부가 모여 함께 그림책을 읽고, 부모로 살아온 삶과 잠시 잊고 있던 자신의 이야기를 나누는 시간을 가졌습니다. 두 시간 동안 이야기를 나누면서 참가자들은 미처 몰랐던 배우자의 마음을 알 수 있었습니다.

《우리 아빠가 엄청 멋졌었다고?》(키스 네글리)를 읽고 난 후에는, 그림책 속 아빠처럼 아이를 기르는 동안 잠시 벽장에 넣어 두었던 기타나 오토바이가 있는지 이야기를 나누었습니다. 그중 이 책의 주인공처럼 정말 젊은 시절에 음악을 했던 분이 있었습니다. 이제 아이들이 자라 여유가 생겨서인지 아니면 마흔이 되어서인지, 다시 연주하고 싶은 마음이 든다며 하고 싶은 일을 조금씩 시작할 수 있으면 좋겠다고 말했습니다. 그 말을 들은 아내는 남편의 마음을 잘 몰랐다고, 가족을 위해 많은 것을 포기한 남편이 지금이라도 하고 싶은 일을 할 수 있으면 좋겠다고 했습니다. 서로를 바라보며 다정히 이야기 나누던 그분들의 모습이 아직도 제 기억에 남아 있습니다.

아이들이 자라 십대가 되면 배우자의 목소리가 들려옵니다. 관심이 온통 아이에게만 집중되던 시기를 지나 아이와 조금씩 거리가 생기는 시기, 남편과 다시 이야기를 시작할 시간입니다. 시시각각 변화무쌍한 아이, 그 아이를 보며 흔들리는 마음, 그 마음 깊숙이 자리 잡은 내면의 어린아이에 관한 이야기를 나눌 친구가 되어 가는 시간이면 좋겠습니다.

하지만 많은 부부들의 현실은 그렇지 못한 것 같습니다. 결혼한 뒤 시간이 지나갈수록 '남편'이 '남의 편'이라는 의미로 변화되는 놀라운 일이 일어납니다. 우스갯소리임에도 마냥 웃을 수만은 없습니다. 여성가족부의 "가족실태조사"에 의하면, 2020년 우리나라 부부 58.5퍼센트가 하루 평균 대화 시간이 한 시간이 채 안 된다고 합니다. 25퍼센트의 부부는 대화 시간이 30분 미만입니다. 대화 내용은 교육, 부모님, 경제적 문제나 사회 문제가 대부분이고, 정작 부부 둘만의 이야기는 점점 사라져 가고 있습니다.

    영국의 극작가이자 시인, 정치가이기도 한 앨런 패트릭 허버트는, 부부가 살면서 평생을 큰 싸움 없이 지내 왔다면 영혼의 교류 없이 허울만 좋은 상태를 의미할 뿐이라고 이야기했습니다. 니체 역시 결혼은 끊임없는 대화이며 그래서 참을성이 필요하다고 말했습니다. 이처럼 부부 사이에 대화는 꼭 필요합니다. 그리고 대화란 당연히 다툼으로 번지기 쉽고, 그러기에 참을성을 가지고 대화를 이어 가려는 노력이 필요한 것입니다. 부부란 함께 살아가며 소통하기 위해 노력해야 하는 관계입니다. 조화로운 관계는 그냥 얻어지는 것이 아니라 끊임없는 노력을 통해 이루어 가는 것입니다.

✦ ✦ ✦

《직선과 곡선》은 서로 다른 두 개의 선이 등장하는 그림책입니다. 곧게 뻗은 선을 그려 내는 직선과 자유로움을 꿈꾸는 곡선이 있습니다. 두 선은 하얀 도화지들 위에 자신의 그림을 그리고, 서로에게 자신의 그림을 자랑스럽게 이야기합니다. 아마 상대의 인정과 칭찬을 바랐을지도 모를 일입니다. 그러나 칭찬과 감탄 대신, 두 선은 상대의 말에 자기 자랑으로 응수합니다. 서로를 경쟁 상대로 바라보며 자기 솜씨를 뽐내기에 열심입니다. 이렇게 힘겨루기를 시작한 두 선은 상대의 그림에 자신의 그림을 덧칠하며 도화지 위에 비를 내리고, 번개와 소용돌이, 바람과 태풍, 토네이도에 사이클론, 허리케인까지 몰아치게 만듭니다. 결국 도화지 위에는 두 선이 그린 그림은 보이지 않고, 짙은 어둠만이 덩그러니 남겨집니다.

그렇게 한참의 시간이 지나고 나서 곡선과 직선이 나란히 한 장면에 등장합니다. 지금까지 자신만의 그림으로 도화지를 채우던 선들이, 드디어 함께하고 있습니다. 모든 그러자 곡선이 대답해요.

"그래, 바다엔 늘 파도가 있어서 멋지지!"

© Deborah Vogrig, Pia Valentinis

그림을 지운 후 직선이 그려 놓은 바다에 곡선의 파도가 일렁입니다. "바다엔 늘 파도가 있어서 멋지지!"라는 곡선의 말이 가슴에 묵직하게 내려앉습니다.

서로 다른 두 선인 나와 남편이 만나 함께한 날들을 돌아보면, 인생의 도화지 위에 자신의 본성대로 거침없이 그림을 그리던 시절이 있었습니다. 내 그림을 상대가 인정해 주길 바라는 마음으로, 또 함께 더 좋은 그림을 그려 보고 싶은 마음으로 열심을 다했던 시절이었습니다. 그러나 시간이 지나면서 내 그림을 인정해 주지 않고 계속 자신의 그림만 그리는 상대가 서운해졌습니다. 때로 다투기도 하고, 거친 태풍이 몰아치는 계절도 찾아왔습니다. 특히 아이들이 사춘기에 접어들면서, 우리의 도화지 위에는 늘 검은 번개와 강한 바람이 들이닥쳤습니다. 자녀 문제로 시작된 대화가 결국 상대 탓으로 이어지고, 가끔 격해지면 부모님 이야기로 불똥이 튀었습니다. 그럴 때는 결국 한 사람이 자리를 피하고야 끝이 나곤 했습니다.

하지만 생각해 보면, 다툼으로 번질지언정 우리는 불어온 바람을 피하지 않았습니다. 아이들 교육 문제와 어려워진 가정 경제 상황까지, 우리의 현실을 있는 그대로 이야기했습니다. 그러면서 차츰 현재뿐 아니라 서로의 유년과 십대 시절의 모습을 만나고 알아 갈 수 있었습니다. 교육관에 대한 갈등으로 다투다가, 함께 걸어갈 삶의 방향과 가치관에 대한 대화를 하기 시작한 것입니다.

부부는 함께 살면서 다양한 스트레스 상황에 직면합니다. 아이의 사춘기, 재정 상황, 가족 구성원의 건강 문제 등, 살면서 누구나 만나는 문제가 부부에게 찾아옵니다. 이런 상황을 만나면 대화가 더욱 필요합니다. 서로를 비방하거나 탓하지 말고, 마음을 솔직히 나누고, 상황에 맞는 해결책을 함께 찾아가는 사이가 되어야 합니다.

원가족의 가풍, 유년의 기억, 습관 등 각자의 가정에서 자라면서 체화된 삶의 태도 차이가 갈등 요소가 되기도 합니다. 둘이 만나 이룬 가정에 일어나는 문제들의 근원을 따져 보면, 원가족에서 기인한 것들이 대부분입니다. 그러니 결국 각자가 원가족으로부터 받은 영향을 얼마나 잘 다루고, 서로 조율하고 이해하며 수용하느냐의 문제가 방향을 찾아 가는 열쇠가 될 것입니다. 일상에서 부딪치는 소소한 차이는 대화를 통해 조율할 수 있지만, 도무지 좁혀지지 않는 차이가 바로 이렇게 내밀하게 원가족과 연결되어 있는 문제입니다. 이 문제를 가지고 아무리 이야기해도 틈을 좁힐 수 없다면, 서로 강요하지 말아야 합니다. 부모님에게 효도하는 문제일지라도 그렇습니다. 이런 경우에는 다름을 인정하고 받아들여야 합니다.

물론 전혀 다른 두 사람이 만나 함께 살아가기란 결코 쉬운 일이 아닙니다. 더구나 아이를 낳고 기르면서 부부는 셀 수 없이 많은 선택 앞에서 상대방의 생각을 서로 확인합니다. 그럴 때 서로의 목소리와 시선을 존중하며 합의점을 함께 찾아가야 합니다. 갈등을 피하지 말고, 치열하게 다투고, 열심히 화해하는 시간을 쌓아 간다면, 어느덧 한 폭의 그림을 아름답게 그려 가는 동료가 될 것입니다. 그림책의 마지막 장면에서 직선의 바다에 찰랑이는 곡선의 파도가 더해져 더 아름다운 그림이 된 것처럼 말입니다.

저도 남편과 대화하면서 너무나 많은 비난을 쏟아 냈습니다. 남편이 꿈꾸며 말하는 것들이 그야말로 이상 세계의 이야기로 들렸기 때문입니다. 할 수만 있다면 당장 남편을 허공에서 끌어내려 현실에 두 발을 딛게 해 주고 싶을 때가 많았습니다. 그러나 하루, 이틀, 한 해, 두 해 찬찬히 대화하면서 남편의 말에 일렁이는 내 마음을 마주합니다. 또 미처 알지 못했던 남편의 모습과 숨겨진 마음을 확인하기도 합니다. 그렇게 우리는 조금씩 서로를 이해하고 수용해 가는 여정에 서 있습니다.

앞으로 우리가 각자 꿈꾸는 내일에 대해 솔직히 나누는 사이가 되기를 바랍니다. 온전히 공감하고, 때로는 뼈 때리는 직언을 해 주며, 성과와 상관없이 서로에게 손뼉 쳐 줄 수 있는 친구, 그야말로 남의 편이 아닌 '내 편'인 존재가 되면 좋겠습니다.

설렘과 두근거림으로 사랑하고 결혼하고, 가족이 되었습니다. '너와 나'가 '우리'가 되고, 어느덧 설레는 사랑 대신 치열한 전쟁터를 함께 헤쳐 나가는 전우가 되어 갑니다. 긴 삶의 여행길에서 전우이자 친구로, 가족이자 애인으로 함께 걸어갑니다. 때로는 함께 때로는 따로, 삶의 길을 발맞추어 걸어갈 좋은 동행자가 될 수 있도록 바로 지금 충분한 시간과 마음을 들여야 합니다.

> **엄마의 마음 노트**

**하루 중 남편과 대화하는 시간은 언제인가요? 또 어떤 대화를 나누나요?**
  ㄴ 저는 저녁을 먹고 나서 남편과 함께 수원화성을 산책합니다. 때로는 아무 말 없이, 때로는 진지하게 오늘의 흔들림을 나누며 함께 걷습니다.

**남편이 당신에게 어떤 존재이길 원하나요? 남편은 당신이 어떤 존재이길 원할까요?**
  ㄴ 남편에게 바라는 것이 많았던 적이 있습니다. 이왕이면 내가 원하는 모습이 되기를 바랐습니다. 하지만 이제 그렇게 될 수 없음을 잘 압니다. 저 또한 남편이 바라는 모습이 될 수 없기 때문입니다. 이제는 서로의 모습을 인정하고 받아들입니다. 앞으로도 좋은 친구가 되어, 따로 또 같이 걸어가고 싶습니다. 지금처럼 적당히 다투고 화해하면서요.

**따로 또 같이, 남편과 함께 성장하고픈 당신에게 《인생은 지금》(다비드 칼리 글, 세실리아 페리 그림, 오후의소묘)을 읽어 드리고 싶어요.**

# 좋은 엄마가 될 수 있을까요?

"웃어요, 엄마!"

오로레 쁘띠 글·그림, 《엄마는 집 같아요》

여성으로서 아이를 낳고 양육하는 시기는 단순히 내 아이의 엄마가 되는 것을 넘어, 내가 아닌 존재 즉 타자를 돌보는 존재로 변화하는 시기입니다. 아이를 돌보고 가르치며 '나'라는 세계의 범주를 넘어서는 삶을 살아가는 시기입니다. 그러다 보니 내가 사라진 것 같은 긴 어둠을 통과하게 됩니다.

그런데 점점 사라지는 내 존재를 걱정할 틈도 없이, 두려움이 밀려옵니다. 엄마들의 마음속은 늘 불안과 두려움의 파도가 출렁거립니다. '엄마 역할을 잘하고 있는 것인가?' '내 아이는 잘 성장하고 있나?' 좋은 엄마가 되기 위해, 내 아이를 잘 키우기 위해 눈과 귀를 크게 열고 세상이 말하는 모든 답을 주워 담습니다. 아이에게 정말 좋은 엄마가 되기 위해서요.

저도 자녀 양육서를 늘 옆에 두고 읽었고, 강의를 듣고 공부를 하면서 많은 도움을 받았습니다. 그러나 아무리 좋은 강의를 듣고 책을 읽어도 내가 잘하고 있는지 확신할 수가 없었습니다. 왜 배울수록 더 자신이 없어지는 걸까요? '다들 좋은 엄마, 완벽한 엄마인 것 같은데 왜 나만 잘 안 되는 걸까?' '도대체 좋은 엄마는 어떤 엄마일까?' 좋은 엄마의 기준은 무엇일까요? 그림책 모임에서 만난 아이들에게 '좋은 엄마'란 어떤 엄마인지 물어보았습니다.

> "공부하란 말 안 하는 엄마요."
> "게임 많이 시켜 주는 엄마요."
> "용돈 올려 주는 엄마요."
> "잔소리 안 하는 엄마요."
> "맛있는 거 만들어 주는 엄마요."

좋은 엄마의 기준이 정말 다양합니다. 물론, 현재 자신이 원하는 엄마를 말하는 것이겠지요. 이번에는 그림책 모임에서 만난 엄마들에게 아이에게 되어 주고 싶은 엄마, 자기만의 좋은 엄마의 기준이 있는지 물었습니다.

"저희 엄마는 일하느라 늘 바쁘셨어요. 저는 아이들이 학교에서 돌아왔을 때 집에서 맞아 주는 엄마가 되고 싶었어요."

"늘 엄하셨던 부모님 때문에 하고 싶은 일을 맘껏 못했어요. 저는 아이들이 원하는 길을 밀어 주고, 믿어 주는 엄마가 되고 싶어요."

"형제가 많아 늘 웃이며 학용품을 물려받았어요. 저는 아이들이 연년생이지만 각자 사 주는 엄마입니다."

엄마들이 생각하는 좋은 엄마의 기준도 저마다 차이가 있습니다. 어릴 적 자신의 경험에 근거해 좋은 엄마의 모습을 그리며 아이를 양육합니다. 절대적인 기준이 없는 것입니다. 그러므로 아이를 양육하면서, 특히 아이들의 사춘기 시절에는 자기 모습을 온전히 대면해야 합니다. 아이가 원하는 엄마가 아닌 내가 원했던 좋은 엄마가 되려고 애쓰는 건 아닌지, 여전히 아이와 자신을 분리하지 못하는 건 아닌지 살펴봐야 합니다. 그리고 더 이상 자기 상처와 타자의 시선에 매이지 말고, 자신의 속도와 걸음으로 나아가면 됩니다. 그림책 속 엄마처럼 오늘이라는 시간 속에서 아이와 함께한다면 그것으로 충분합니다.

✦ ✦ ✦

노란 바탕에 분홍색 제목이 쓰인 표지의 《엄마는 집 같아요》는 표지 그림만으로도 미소가 지어지는 그림책입니다. 엄마 품에서 엄마의 긴 머리를 잡고 엄마 얼굴을 향해 손을 뻗는 아이와, 그런 아이를 사랑스러운 눈길로 내려다보는 엄마의 모습입니다. 저는 비스듬히 누워 있는 엄마의 자세가 특히 인상적이었습니다. 뒤표지를 보면 누워 있던 엄마가 서 있고, 서로를 사랑스럽게 바라보던 엄마와 아이의 시선이 굳어 있습니다. 엄마가 아이에게 훈계하는 상황처럼 보입니다. 하지만 서로의 눈을 바라보고 있고 여전히 아이가 엄마 품에서 엄마의 머리카락을 잡고 있다는 사실은 변함이 없습니다. 엄마와 아이의 관계가 늘 봄처럼 따뜻할 수만은 없고, 때로 책의 뒤표지처럼 찬 바람 부는 계절도 찾아오기 마련입니다. 그러나 변하지 않는 사실은 엄마가 늘 눈높이를 아이에게 맞추고 사랑을 주고 있다는 것입니다.

"엄마는 집 같아요." 첫 페이지에 나오는 문장입니다. 엄마의 태중에 있던 아이에게 엄마는 집 같은 존재입니다. 자신을 보호해 주는 든든한 집입니다. 또 엄마 배 속에서 어디든 갈 수 있으니, 엄마는 성능 좋은 자동차이기도 합니다. 그림책은 아이가 세상에 나와 자라는 시간 동안 엄마가 살아가는 일상과 그 속에서 보여 주는 몸짓을 새의 둥지, 산꼭대기, 동물 등 다양한 상징으로 명명합니다.

그런데 이 그림책은 엄마의 높은 모성애를 강조하지 않습니다. 아니, 기대하지 않습니다. 그저 아이와 함께 생활하는 장면을 보여 줄 뿐입니다. 엄마가 아이와 보낸 평범한 시간을 보여 주며 그 모습만으로도 충분한 엄마라고 이야기해 줍니다. 욕조에서 아이를 안고 있는 엄마의 모습에는 "엄마는 섬 같아요"라고 표현합니다. 살포시 낮잠이 든 엄마의 몸 위에서 장난감 자동차를 가지고 노는 아이의 모습에는 "엄마는 길 같아요"라고 합니다. 엄마는 그저 아이와 함께 평범한 일상을 보냈는데, 그 모든 순간이 아이에게는 즐겁고 새로운 경험입니다. 일상 속 엄마의 모습이 아이에게는 다양한 의미를 주고, 그 모습 하나하나가 가장 좋은 엄마의 모습입니다.

마지막 장면에서, 조금 자란 아이는 언제나 집 같은 엄마를 떠나 세상으로 나아갑니다. 집과 같은 엄마이기에 떠날 수도 있고 언제든 돌아올 수도 있습니다. 엄마는 아이에게 그런 존재입니다. 사춘기 아이는 서서히 엄마를 떠나갑니다. 그러나 언제든 돌아올 수 있습니다. 그때는 두 팔을 벌리고 환하게 웃으며 아이를 맞으면 됩니다.

그냥 엄마이고 싶습니다. '좋은 엄마'가 되려다 지쳐버린 엄마가 아닌, 있는 그대로의 모습으로 그때그때 아이와 시간을 보내며 오늘에 충실한 엄마가 되고 싶습니다. 실수도 하고 엉망인 날들도 있겠지만 그래도 괜찮습니다.

© 개암나무, 2020

모두 엄마가 되어 가는 과정이니까요. 이런 엄마면 충분합니다. 그렇게 아이와 함께 계속 성장하는 엄마가 되는 것입니다. 자라면서 조금씩 품에서 떠나가는 아이를 바라보며 '나'를 만나고, 어제의 나보다 조금 더 자란 오늘의 내가 되어 가면 좋겠습니다.

지금 내가 어떤 모습이든 그것으로 충분한 엄마입니다. 세상에서 내 아이를 가장 사랑하는 엄마니까요. 그 아이를 위해 조금 더 나다워질 용기를 낼 수 있는 엄마, 매일매일 성장하는 엄마가 되면 됩니다. 우리 아이에게 꼭 맞는 엄마, 그냥 '우리 엄마'가 되면 됩니다. 그러니 이제 다 컸다며 뒤돌아보지 않고 세상을 향해 나아가는 아이를 웃으며 떠나보낼 수 있기를 바랍니다. 떠나가는 아이가 뒤돌아보지 않고 앞을 향해 씩씩하게 나아갈 수 있도록 힘껏 응원하는 그림책 속 엄마처럼요.

> 엄마의 마음 노트

**오늘 당신은 아이에게 어떤 엄마인가요?**
ㄴ 이제 두 아이 모두 이십대가 되었습니다. 아이들이 세상으로 나아가는 길에서 때로는 친구로, 때로는 인생의 선배로 이야기를 들어 주는 엄마이고 싶습니다. 입은 닫고 귀는 활짝 열어 둔 엄마이고 싶습니다.

**당신이 되고 싶은 '좋은 엄마'는 어떤 모습인가요?**
ㄴ 나를 믿어 주시는 친정엄마가 제게 큰 힘이 되었기에, 저 역시 아이들을 묵묵히 믿어 주는 엄마가 되고 싶었습니다. 물론, 쉽지 않은 일이란 걸 알게 되었지만요.

**언제든 다시 집으로 돌아온 아이를 활짝 웃으며 맞이할 당신에게** 《다시 그곳에》(나탈리아 체르니셰바 글·그림, 재능교육)를 읽어 드리고 싶어요.

## 맺는 말

여름 바다 하면 생각나는 그림책 《파도야 놀자》는, 이수지 작가의 경계 그림책 3부작 중 한 권입니다. 현실과 환상 사이 경계의 모호함을 선명한 파란색으로 표현해, 아이와 어른 모두에게 사랑받는 글 없는 그림책입니다.

바다를 처음 찾은 아이는 모든 것이 신기합니다. 아이는 찰랑이며 밀려왔다 사라지는 파도와 놀이를 시작합니다. 처음에는 파도와 숨바꼭질하듯 잔뜩 몸을 사립니다. 몸이 바닷물에 젖지 않도록 종종거리는 아이의 모습이 사랑스럽습니다. 아이는 몇 번이나 파도와 숨바꼭질하다 결국 파도와 한 몸이 됩니다. 바닷물에 흠뻑 젖고 나서는 아무 거리낌 없이 모래놀이를 하는 아이의 표정이 싱그럽습니다. 그러다 끝부분에 등장하는 엄마의 모습에 '쿵' 하고 마음이 내려앉았습니다. 엄마는 그림책 장면 바깥에 있었을 뿐 사실은 몇 걸음 떨어진 곳에서 줄곧 아이를 바라보고 있었던 것입니다. 엄마는 충분히 바다를 모험하고 즐긴 아이 곁으로 돌아와 환하게 미소 지으며 아이를 바라봅니다.

저도 그런 엄마가 되고 싶었습니다. 세상이라는 바다 앞에 선 아이가 파도를 향해 걸어갈 때 한 걸음 뒤에 서 있는 엄마가 되고 싶었습니다. 처음 만난 파도를 탐색하고, 주저하고, 돌아오기를 반복하다 결국 파도를 맞아 흠뻑 젖은 아이를 묵묵히 응원하는 엄마, 아이가 맘껏 바다를 즐기며 놀고 있을 때 미소 지으며 바라보는 엄마, 집에 돌아갈 시간이 되면 아이와 동행해 주는 엄마가 되고 싶었습니다.

그런 엄마가 되기 위해 제일 먼저 할 일은 아이를 믿어 주는 것입니다. 우리 아이가 이런저런 파도를 만나며 성장하고 있다는 것을 믿어야 합니다. 오늘은 아이가 성장하는 과정에서 만나는 찰나의 시간이기에, 오늘 내 아이의 모습에 좌절하거나 우쭐할 일도 없습니다. 우리 아이가 성장하는 존재임을, 그리고 엄마 역시 계속 성장하는 존재임을 받아들일 때, 아이의 오늘을 인정하고 묵묵히 바라봐 주는 엄마가 될 수 있을 것입니다.

십대는 이제 세상을 향해 한 걸음씩 떠나가는 아이들입니다. 그림책 속 아이처럼 처음에는 주저하고, 돌아오기도 할 것입니다. 그러나 이내 길을 나설 것입니다. 밀려오는 크고 작은 파도를 헤치며 앞으로 성장해 나아갈 것입니다. 그 걸음이 때론 흔들리고 멈춰 설 때도 있겠지요. 그때마다 그림책 속 엄마처럼 든든히 바라봐 주면 됩니다.

아이들이 사춘기가 처음이듯 우리 또한 사춘기 아이의 엄마가 처음입니다. 그러니 시행착오를 겪는 것은 당연합니다. 이런저런 방법을 찾아 적용해 보기도 하고, 참을 '인'을 세 번이 아닌 서른 번을 써 가며 대화를 이어 갑니다. 하지만 언제나 좋은 효과를 얻지는 못합니다. 다시는 아이의 다정하고 사랑스러웠던 시절을 만나지 못할 것 같아 서운하고 눈물이 납니다. 그러나 그 시간을 모두 보내고 난 저와 아이들 사이에는 그때 그 시절이 고스란히 남아 있습니다. 그저 사라진 시간이 아님을, 나의 수많은 허

튼짓이 아이들 안에 엄마의 사랑이라는 작은 조각으로 자리 잡고 있음을 이제는 잘 압니다.

아이가 어렸을 적에 함께 웃고 울었던 모든 시간은 사춘기라는 바다를 건너가는 든든한 연료가 되어 줄 것입니다. 혹여 그 시간이 부족했더라도 괜찮습니다. 두 번째 기회가 찾아왔습니다. 이제부터 아이와 함께 그 시간을 쌓아가면 됩니다. 아이의 사춘기는 겁내고 회피할 시간이 아니라 부모가 아이와 함께 성장하는 시간입니다. 아이의 모습을 통해 진짜 만나야 할 '내 안의 나'를 마주하는 계절입니다. 아이가 성장하듯 엄마도 '나 자신'으로 자라는 성장의 시간을 보내고 나면 함께 나란히 걸으며 활짝 웃는 우리가 되어 있을 것입니다.

이 글을 쓰며 저희 이십대 아이들에게 "너희들에게 엄마는 어떤 엄마니?"라고 물었습니다. 농담처럼 주고받던 말끝에 둘째 아이가 말했습니다. "엄마는 좋은 엄마였지. 지금도 좋은 엄마고, 앞으로도 좋은 엄마일 거고." 대답을 듣는 순간, 잠시 말을 잊었습니다. 아이의 말처럼 좋은 엄마가 아니었기에 더 그랬습니다. 아이보다 어린 내 안의 나를 마주하며 아이와 함께 흔들렸던 엄마였으니, 아이가 말하는 그런 엄마는 분명 아니었을 것입니다. 그러나 함께 울고, 웃고, 다투고, 화해한 시간이 아름답게 남았다는 사실에 감사합니다. 이렇게 사춘기를 지내고, 다 자란 아이는 엄마 곁으로 다가옵니다. 엄마 옆에 서서 나란히 걷습니다. 도란도란 이야기를 나누고, 언젠가는 내 손을 잡아끌고 앞서 나가는 아이를 바라보게 될 것입니다.

서툰 엄마였지만, 두 아이의 엄마여서 지금의 내가 되었습니다. 그 누구의 무엇도 아닌 진짜 나를 만나 조금씩 자랄 수 있도록 해 준 우리 집 두 아이의 사춘기 시절에 감사를 전합니다.

# 그림책 목록

머리말

- 《행복한 엄마 새》(미스 반 하우트 글·그림, 김희정 옮김, 보림)

아, 다정했던 사람아!

- 《조지프의 마당》(찰스 키핑 글·그림, 서애경 옮김, 사계절)
- 《나의 작은 아가야, 너를 사랑해》(에가시라 미치코 글·그림, 사이비라 리에코 원작, 황진희 옮김, 거북이북스)

어떤 모습이 진짜 너?

- 《내 이름은 자가주》(퀸틴 블레이크 글·그림, 김경미 옮김, 마루벌)
- 《아리에트와 그림자들》(마리옹 카디 글·그림, 정혜경 옮김, 문학동네)

또 쓸모없는 일을?

- 《나의 구석》(조오 글·그림, 웅진주니어)

- 《왕 짜증 나는 날》(에이미 크루즈 로젠탈 글·레베카 도티 그림, 유경희 옮김, 주니어김영사)
- 《날마다 멋진 하루》(신시아 라일런트 글·니키 매클루어 그림, 조경선 옮김, 초록개구리)
- 《차곡차곡》(서선정 글·그림, 시공주니어)

먼저 내면의 아름다움을

- 《난 나의 춤을 춰》[다비드 칼리 글, 클로틸드 들라크루아 그림, 이세진 옮김, 모래알(키다리)]
- 《뾰족반듯단단 도형 나라의 비밀》(가졸, 크뤼시포름 글·그림, 김현아 옮김, 한울림어린이)

'금사빠'라니

- 《처음, 사랑》(강경수 글·그림, 그림책공작소)
- 《왜 좋은 걸까?》(기쿠치 치키 글·그림, 김보나 옮김, 천개의바람)

대답을 해 봐!

- 《그레그와 병아리》(박주현 글·그림, 우리나비)
- 《여름의 잠수》(사라 스트리츠베리 글, 사라 룬드베리 그림, 이유진 옮김, 위고)

## 스마트폰 좀 그만!

- 《소중한 하루》(윤태규 글·그림, 그림책공작소)
- 《세상의 끝을 찾아서》(다비드 칼리 글, 마리아 데크 그림, 김서정 옮김, 브와포레)

## 넌 꿈이 뭐니?

- 《길거리 가수 새미》(찰스 키핑 글·그림, 서애경 옮김, 사계절)
- 《비에도 지지 않고》(미야자와 겐지 글, 유노키 사미로 그림, 박종진 옮김, 여유당)

## 당신 탓이에요

- 《나의 왕국》(키티 크라우더 글·그림, 나선희 옮김, 책빛)
- 《두 사람》(이보나 흐미엘레프스카 글·그림, 이지원 옮김, 사계절)

## 남매인 듯 남인 듯

- 《언니와 동생》(샬롯 졸로토 글, 사카이 고마코 그림, 황유진 옮김, 북뱅크)
- 《나의 오두막》(로이크 프루아사르 글·그림, 정원정, 박서영 옮김, 봄볕)

## 우린 가족이니까

- 《부루퉁한 스핑키》(윌리엄 스타이그 글·그림, 조은수 옮김, 비룡소)
- 《불곰에게 잡혀 간 우리 아빠》(허은미 글, 김진화 그림, 여유당)

- 《이파라파 냐무냐무》(이지은 글·그림, 사계절)

라떼는 말이야
- 《진정한 챔피언》[파얌 에브라히미 글, 레자 달반드 그림, 이상희 옮김, 모래알(키다리)]
- 《어떤 약속》(마리 도를레앙 글·그림, 이경혜 옮김, JEI재능교육)

성적이 왜 이러니
- 《내가 잘하는 건 뭘까》(구스노키 시게노리 글, 이시이 기요타카 그림, 김보나 옮김, 북뱅크)
- 《되고 싶은 게 많은 마니》(솔 루이스 글·그림, 문주선 옮김, 나무말미)

친구가 그리 중요해?
- 《곰이 강을 따라갔을 때》(리처드 T. 모리스 글, 르웬 팜 그림, 이상희 옮김, 소원나무)
- 《우리의 오두막》(마리 도를레앙 글·그림, 이경혜 옮김, JEI재능교육)

외계어니?
- 《슈퍼 토끼》(헬메 하이네 글·그림, 김서정 옮김, 시공주니어)
- 《전나무가 되고 싶은 사과나무》(조아니 데가니에 글, 쥘리에트 바르바네그르 그림, 명혜권 옮김, 노란돼지)

밥이 그렇게 중요해?

- 《위대한 식탁》(마이클 J. 로젠 글, 베카 스태틀랜더 그림, 김서정 옮김, 살림)
- 《할머니의 식탁》(오게 모라 글·그림, 김영선 옮김, 위즈덤하우스)

아이와 행복하려면 어떻게 해야 할까요?

- 《너무너무 공주》(허은미 글, 서현 그림, 만만한책방)
- 《하지 않으면 어떨까?》(앨리슨 올리버 글·그림, 서나연 옮김, 아름다운사람들)

너무 늦은 건 아닐까요?

- 《메두사 엄마》(키티 크라우더 글·그림, 김영미 옮김, 논장)
- 《키오스크》(아네테 멜레세 글·그림, 김서정 옮김, 미래아이)

내 편 아닌 남의 편인가요?

- 《직선과 곡선》(데보라 보그릭 글, 피아 발렌티니스 그림, 송다인 옮김, 브와포레)
- 《우리 아빠가 엄청 멋졌었다고?》(키스 네글리 글·그림, 김세실 옮김, 후즈갓마이테일)
- 《인생은 지금》(다비드 칼리 글, 세실리아 페리 그림, 정원정, 박서영 옮김, 오후의소묘)

좋은 엄마가 될 수 있을까요?
- 《엄마는 집 같아요》(오로레 쁘띠 글·그림, 고하경 옮김, 개암나무)
- 《다시 그곳에》(나탈리아 체르니셰바 글·그림, JEI재능교육)

맺는 말
- 《파도야 놀자》(이수지 글·그림, 비룡소)

### 사춘기 엄마의 그림책 수업

| | |
|---|---|
| **초판 1쇄** | 2023년 2월 15일 |
| **지은이** | 최정은 |
| **발행인** | 임혜진 |
| **발행처** | 옐로브릭 |
| **등록** | 제2014-000007호(2014년 2월 6일) |
| **전화** | (02) 749-5388 |
| **팩스** | (02) 749-5344 |
| **홈페이지** | www.yellowbrickbooks.com |

Copyright ⓒ 최정은 2023
ISBN 979-11-89363-20-8(03810)